Die Aufschlußpflicht

von

Vorstand und Aufsichtsrat

gegenüber der

General-Versammlung

nach deutschem Aktienrecht

von

Dr. Anton Arnold
Rechtsanwalt in Nürnberg.

München 1907.
J. Schweitzer Verlag (Arthur Sellier).

Die Aufschlußpflicht

von

Vorstand und Aufsichtsrat

gegenüber der

General-Versammlung

nach deutschem Aktienrecht

von

Dr. Anton Arnold
Rechtsanwalt in Nürnberg.

München 1907.
J. Schweitzer Verlag (Arthur Sellier).

Inhalt.

Verwendete Literatur.

Lehmann, Recht der Aktiengesellschaften, 2 Bände.

Lehmann, Kommentar zum St.-G.-B.

Renand, Aktiengesellschaften, 2. Auflage.

Ring, Aktiengesetz, 2. Auflage.

Petersen und **v. Pechmann,** Aktiengesetz.

Volderndorff, Aktiengesetz.

Staub, Kommentar zum H.-G.-B.

Rehm, Bilanzen der Aktiengesellschaften.

Simon, Bilanzen der Aktiengesellschaften.

Motive zur Aktiennovelle von 1884.

Gierke, Genossenschaftstheorie und deutsche Rechtsprechung.

Ferner die im Texte zitierten **Entscheidungen der obersten Gerichtshöfe und Aufsätze in Fachzeitschriften.**

Abkürzungen.

A.-G. = Aktiengesellschaft.

H.-G.-B. = Handelsgesetzbuch.

B. G.-B. = Bürgerliches Gesetzbuch.

G.-V. = Generalversammlung.

R.-G. = Reichsgericht.

§ 1.

Einleitung.

Der Vorstand ist das ordentliche geschäftsführende Organ der A.-G. Er hat als solches Kenntnis von allen Verhältnissen und Vorgängen, die die A.-G. berühren, gleichviel, ob es sich um rein innere Angelegenheiten, um Maßnahmen der Verwaltung und Organisation, oder um Beziehungen tatsächlicher oder rechtlicher Art zu dritten Personen handelt.

Der Vorstand organisiert das Unternehmen, leitet die Geschäfte, verteilt sie unter die Beamten, er schließt die Verträge der A.-G., betätigt die von der Gesellschaft geschuldeten Leistungen und nimmt die ihr geschuldeten Leistungen in Empfang. Er kennt die gesamte Geschäftslage und Geschäftsgebarung bis ins kleinste Detail oder kann sich doch diese Kenntnis durch eigene unmittelbare Wahrnehmung verschaffen. §§ 231, 239, 260 H.-G.-B.

Der Aufsichtsrat ist vom Gesetzgeber in erster Linie als Kontrollorgan für die Geschäftsführung des Vorstandes gedacht. Er hat die Geschäftsführung der Gesellschaft in allen Zweigen der Verwaltung zu überwachen und sich zu dem Zwecke von dem Gange der Angelegenheiten der Gesellschaft zu unterrichten. Er kann jederzeit über diese Angelegenheiten Berichterstattung von dem Vorstande verlangen und selbst oder durch einzelne von ihm zu bestimmende Mitglieder die Bücher und Schriften der Gesellschaft einsehen, sowie den Bestand der Gesellschaftskasse und die Bestände an Wertpapieren und Waren untersuchen und prüfen. Auch der Aufsichtsrat hat also Kenntnis bezw. soll Kenntnis haben von allen Verhältnissen und Beziehungen der A.-G. § 246 H.-G.-B.

Die Generalversammlung, das oberste Organ der A.-G., tritt nur gelegentlich, in der Regel nur einmal im Jahre zusammen. Als Aufgabe fällt ihr vornehmlich zu die Abänderung des Gesellschaftsvertrages, die Genehmigung der Jahresbilanz, die Bestimmung der Gewinnverteilung, die Bestellung und Abberufung der anderen Organe, die Entlastung der Mitglieder des Vorstandes und Aufsichtsrates; schließlich ist ihr die Entscheidung in allen das Gesellschaftsinteresse besonders berührenden Angelegenheiten vorbehalten. Vergl. §§ 182 Ziff. 4, 231 II, 243 I und IV, 246 II, 253, 260, 274 H.-G.-B. Von der Geschäftslage und Geschäftsgebarung, von den Verhältnissen und Beziehungen der A.-G. hat sie aus eigener unmittelbarer Wahrnehmung keine Kenntnis; Kenntnis hievon bekommt sie durch diesbezügliche Mitteilungen des Vorstandes und Aufsichtsrates.

Inwieweit Vorstand und Aufsichtsrat der Generalversammlung Aufschluß geben wollen und sollen, ist nicht ihrem Belieben anheimgegeben. Der Gesetzgeber hat es für notwendig befunden, den geschäftsführenden Organen die Verpflichtung aufzuerlegen, die Generalversammlung in weitgehendem Umfange über die Lage der Gesellschaftsverhältnisse zu unterrichten. Die diesbezüglichen gesetzlichen Bestimmungen finden sich in den §§ 246, 260 II des H.-G.-B., die insoweit lauten:

§ 246: »Der Aufsichtsrat hat die Jahresrechnungen, die Bilanzen und die Vorschläge zur Gewinnverteilung zu prüfen und darüber der Generalversammlung Bericht zu erstatten.«

§ 260 II: »Der Vorstand hat in den ersten drei Monaten des Geschäftsjahres für das verflossene Geschäftsjahr eine Bilanz, eine Gewinn- und Verlustrechnung, sowie einen den Vermögensstand und die Verhältnisse der Gesellschaft entwickelnden Bericht dem Aufsichtsrat und mit dessen Bemerkungen der Generalversammlung vorzulegen.«

Im engsten Zusammenhang mit diesen Vorschriften steht die Strafbestimmung des § 314 Ziff. 1: »Mitglieder des Vorstandes oder des Aufsichtsrates werden mit Gefängnis und zugleich mit Geld bestraft, wenn sie wissentlich in ihren Darstellungen, in ihren Uebersichten über den Vermögensstand der Gesellschaft oder in den in der Generalversammlung gehaltenen Vorträgen den Stand der Verhältnisse der Gesellschaft unwahr darstellen oder verschleiern.«

Die vorliegende Abhandlung befaßt sich mit der Aufschlußpflicht des Vorstandes und Aufrichtsrates gegenüber der Generalversammlung nach deutschem Aktienrecht. Gegenstand der Darstellung ist darnach in erster Linie die nähere Bestimmung des Inhaltes der eben angeführten Gesetzesstellen oder die Beantwortung der Frage:

1. Worüber haben der Vorstand und Aufsichtsrat der Generalversammlung auf Grund der §§ 246, 260, 314 Ziff. 1 Aufschluß zu erteilen. Die Aufgabe ist aber hiemit keineswegs erschöpft. Es erhebt sich

2. Die Frage: Besteht die in §§ 246, 260 inhaltlich näher festgelegte Aufschlußpflicht und die Verpflichtung, den Aufschluß wahr und unverschleiert zu geben (§ 314 Ziff. 1), unter allen Umständen, insbesondere auch dann, wenn durch Erteilung dieses Aufschlusses die Gesellschaft zu Schaden kommt? Die hier beregte Frage ergibt sich mit Rücksicht auf die Bestimmung des § 312 H.-G.-B., wonach Mitglieder des Vorstandes und Aufsichtsrates mit Gefängnis und zugleich mit Geldstrafe bis zu 20000 Mark bestraft werden, wenn sie absichtlich zum Nachteile der Gesellschaft handeln, und aus der Erwägung, daß zweifellos auch in der Generalversammlung gemachte Mitteilungen über Details der Geschäftsverhältnisse z. B. über Fabrikgeheimnisse, über Kundenbeziehungen die Gesellschaft zu Schaden bringen können.

3. Kommt folgender Gesichtspunkt in Betracht. Die in den §§ 246, 260 II und deren Verhältnis zu den §§ 314 Ziff. 1, 312 inhaltlich näher festgelegte Aufschlußpflicht ist eine gesetzlich notwendige Verpflichtung; damit soll gesagt sein: Vorstand und Aufsichtsrat müssen diesen Aufschluß unter allen Umständen erteilen, weder Statut noch ein Beschluß der Generalversammlung kann sie davon entbinden. Hier soll die Frage erörtert werden, ob und in wie-

weit diese Aufschlußpflicht »erweitert« werden kann und zwar entweder durch Bestimmungen des Gesellschaftsvertrages, oder durch Beschluß der Generalversammlung.

4. Die unter Ziff. 1 bis 3 beregten Fragen bestimmen die Grenzen der dem Vorstand und Aufsichtsrat gesetzlich und statutmäßig oder durch Beschluß der Generalversammlung auferlegten Aufschlußpflicht. Soweit darnach Vorstand und Aufsichtsrat zur Aufschlußerteilung »verpflichtet« sind, müssen sie zweifellos dazu auch »berechtigt« sein, d. h. sie dürfen diesen Aufschluß erteilen auch dann, wenn die Gesellschaft dadurch zu Schaden kommt, ohne daß sie sich zivil- oder strafrechtlich verantwortlich machen. Die Grenzen der Verpflichtung und Berechtigung zur Aufschlußerteilung brauchen sich nun aber nicht zu decken. Die Berechtigung kann weiter gehen als die Verpflichtung. Es ergibt sich deshalb auch die Frage nach den Grenzen der Berechtigung zur Aufschlußerteilung. (Anmerkung.[1])

Bei den Fragen in Ziff. 1 und 2 handelt es sich im wesentlichen um die Auslegung der §§ 246, 260, 312, 314 Ziff. 1 H.-G.-B. und um die Bestimmung ihres gegenseitigen Verhältnisses. Die Frage unter Ziff. 4 läßt sich kurz dahin beantworten, daß die Grenzen für die Berechtigung zur Aufschlußerteilung gezogen werden durch die Vorschriften über die zivil- und strafrechtliche Verantwortlichkeit des Vorstandes und Aufsichtsrates. Dagegen handelt es sich bei der Frage unter Ziff. 3 um Dinge allgemeiner Natur. Die Beantwortung dieser Frage hängt im wesentlichen davon ab, welche Stellung Vorstand und Aufsichtsrat der Generalversammlung gegenüber im allgemeinen einnehmen. Es ist die Frage nach der Omnipotenz und Souveränität der Generalversammlung, die hier aufgerollt wird. Da das gegenseitige Verhältnis zwischen Vorstand, Aufsichtsrat und Generalversammlung auch von Bedeutung ist

[1]) Anmerkung. Die hier gegebene Gliederung des Stoffes soll lediglich den materiellen Inhalt der vorliegenden Darstellung skizzieren, nicht etwa maßgebend sein für den durch logische Entwicklung bestimmten inneren Aufbau.

für die Auslegung der §§ 246, 260, 312 und 314, mögen die Erörterungen hierüber an die Spitze der Abhandlungen gestellt werden. Dabei wird sich alsbald auch Gelegenheit finden, etwas näher auf die Frage nach der rechtlichen Natur der Aufschlußpflicht des Vorstandes und Aufsichtsrates gegenüber der Generalversammlung einzugehen.

I. Teil.

Die gegenseitige Rechtsstellung der Organe des Aktienvereins im allgemeinen.

§ 2.

Vorstand, Aufsichtsrat und Generalversammlung als Organe des Aktienvereins.

Die Handlungsfähigkeit d. h. die Fähigkeit, in eigener Person Handlungen mit Rechtswirkung vornehmen zu können, wohnt nur dem Menschen inne. Die juristische Person wird erst dadurch handlungsfähig, daß ihr durch ihre Organisation menschliche Tatkraft und menschlicher Wille zur Verfügung gestellt wird. Jene physischen Personen, deren sich die juristische Person bedient, um im Rechtsleben handelnd auftreten zu können, nennt man Organe der juristischen Person. Diese Organe verkörpern die juristische Person derart, daß ihr (der Organe) Wille als Wille der juristischen Person erscheint. Jede juristische Person muß darnach Organe bezw. wenigstens ein Organ haben, da sie ohne Organe nur ein Scheinleben führen könnte und nicht im Stande wäre, sich im Rechtsleben irgendwie zu betätigen. (Vergl. dazu Cosack, Lehrbuch des bürgerlichen Rechts Band I, § 28, Seite 92, 93). Aber die Organe sind nicht identisch mit der juristischen Person selbst und dürfen nicht mit ihr verwechselt werden.

Vorstand, Aufsichtsrat und Generalversammlung sind die Organe des mit juristischer Persönlichkeit ausgestatteten Aktienvereins. Insbesondere muß betont werden, daß auch die Generalversammlung nur Organ der Aktiengesellschaft und nicht identisch mit der Aktiengesellschaft selbst ist. Die Aktiengesellschaft besteht aus der Gesamtheit der nach Maßgabe der Vorschriften des Aktiengesetzes organisch verbundenen Personen, aus der Gesamtheit der Aktionäre. Die Generalversammlung kann möglicherweise aus der Gesamtheit dieser Personen bestehen, in der Regel wird sie nur einen Teil der Aktionäre oder gar nur einige wenige derselben umfassen. Schon daraus ergibt sich der Unterschied zwischen der Generalversammlung und der Aktiengesellschaft. Vergl. auch Lehmann Band II, Seite 154: »Daß die Generalversammlung nicht die Aktiengesellschaft selbst ist, ergibt sich bereits aus ihrer nicht permanenten Abhaltung, sowie daraus, daß für die Entstehung und das Bestehen der Aktiengesellschaft weitere Erfordernisse, insbesondere ein festes Grundkapital nötig ist«. Vergl. ferner Ring § 221, Abs. 1, Seite 443: »Die Generalversammlung ist Organ der Gesellschaft, zwar deren oberstes, aber von den anderen Organen generisch nicht verschieden«. Vergl. auch Renand Seite 460.

Der Satz, daß die Generalversammlung nicht der Aktienverein selbst ist, muß umsomehr hervorgehoben werden, als in der Literatur und namentlich auch in der Rechtsprechung des obersten Gerichtshofes die Generalversammlung vielfach mit dem Aktienvereine identifiziert und daraus unrichtige Schlußfolgerungen abgeleitet werden. So bezeichnet das R.-O.-H.-G. Band 11, Seite 125 die Generalversammlung als den Träger der Rechte und Verbindlichkeiten des Aktienvereins und als den Prinzipal gegenüber den Angestellten. So sagt R.-O.-H.-G. Band 15, Seite 125: »Die Generalversammlung ist die Verkörperung der Gesellschaft und als solche sowohl Prinzipal der Verwaltungsorgane als auch Inhaberin alleiniger freier Willensbestimmung«. Diese Ausführungen müssen als unrichtig zurückgewiesen werden. Träger der Rechte und Verbindlichkeiten des Aktienvereines, Prinzipal der Angestellten und der Verwaltungsorgane ist nur der Aktienverein, nicht die Generalversammlung. Als Verkörperung der Aktiengesellschaft können andererseits mit demselben Rechte auch die anderen Organe bezeichnet werden, denn jedes Organ stellt, wie noch näher auszuführen sein wird, innerhalb seines verfassungsmäßigen Wirkungskreises die Aktiengesellschaft gleich unmittelbar dar. Gierke Seite 617. Deshalb ist auch unrichtig der Satz, daß der Wille der Aktiengesellschaft seinen Ausdruck allein in der Generalversammlung finde (so Motive Seite 150). Die Generalversammlung ist wohl dasjenige Organ, durch das der Wille der Aktiengesellschaft als der Gesamtheit der Aktionäre am unmittelbarsten zum Ausdrucke kommt, keineswegs aber das alleinige Willensorgan des Aktienvereins.

Mit diesen Erörterungen haben wir die Grundlage gewonnen, um die rechtliche Natur der Beziehungen zwischen den Organen des Aktienvereins im allgemeinen und damit auch die rechtliche Natur der Aufschlußpflicht des Vorstandes und Aufsichtsrates gegenüber der Generalversammlung bestimmen zu können.[1]) Wenn wir von einer Pflicht des Vorstandes und Aufsichtsrates und einem dieser Pflicht entsprechenden Rechte der Generalversammlung auf Erteilung des Aufschlusses reden, so haben wir damit keine Verpflichtung zur Leistung im Sinne der Ueberschrift zu Buch II, Abschnitt 2, Titel 1 des B. G.-B., keinen Anspruch im Sinne des § 194 B. G.-B. kein Schuldverhältnis im

---

[1]) Anmerkung. Nicht zu verwechseln mit den Rechtsbeziehungen zwischen Vorstand, Aufsichtsrat und Generalversammlung sind die Beziehungen zwischen den Personen, die den Vorstand bezw. Aufsichtsrat bilden, und der Aktiengesellschaft. Diese Beziehungen sind allerdings schuldrechtlicher Art und zwar liegt entweder ein Dienstvertrag oder ein Auftragsverhältnis vor.

Sinne des § 241 B. G.-B. mit Gläubiger und Schuldnerseite im Auge. Ein Schuldverhältnis hat zur Voraussetzung mehrere Personen, die sich als berechtigt und verpflichtet gegenüber stehen; Vorstand, Aufsichtsrat und Generalversammlung als solche stehen sich aber nicht als verschiedene Personen gegenüber, sondern als Organe einer und derselben Person. Die Beziehungen zwischen Vorstand, Aufsichtsrat und Generalversammlung sind deshalb nicht schuldrechtlicher, sondern verfassungsrechtlicher Art, sie werden geregelt durch die Organisation oder die Verfassung des Aktienvereins. Es handelt sich deshalb bei der Erörterung dieser Rechtsbeziehungen nicht um die nähere Bestimmung des Inhalts eines Schuldverhältnisses, sondern um die nähere Darlegung der verfassungsrechtlichen Abgrenzung der Kompetenzen oder Zuständigkeiten der Organe des Aktienvereines.

Daraus ergibt sich eine wichtige Konsequenz. Die Rechtsbeziehungen zwischen Vorstand, Aufsichtsrat und Generalversammlung und deshalb auch die Aufschlußpflicht können niemals den Gegenstand eines Prozesses bilden. Eine Klage zwischen den Organen einer und derselben juristischen Person ist undenkbar. Auch die Klage wegen Anfechtung eines Generalversammlungsbeschlusses ist keine Klage zwischen den Organen, auch dann nicht, wenn die Anfechtung vom Vorstand ausgeht. Die Klage richtet sich, wie im Gesetz ausdrücklich hervorgehoben ist, gegen die Gesellschaft, nicht gegen die Generalversammlung (§§ 271, 272 H.-G.-B.). Kommt es wegen der Aufschlußpflicht oder wegen der Kompetenzabgrenzung überhaupt zu Differenzen, so entscheidet nicht der Richter, sondern die Macht des Stärkeren.

Der Gesetzgeber wollte diese Macht des Stärkeren der Generalversammlung geben, indem er ihr nicht nur die Berufung, sondern auch die Abberufung der Mitglieder des Vorstandes und Aufsichtsrates anheim gab. §§ 182 Ziff. 4, 274, 231 III, 243 IV H.-G.-B. Aber der zwingende Einfluß tatsächlicher Umstände wird oft das Verhältnis umkehren. Es kann sehr wohl und wird häufig der Fall sein, daß das Wohl und Wehe der Gesellschaft so sehr von den Persönlichkeiten des Aufsichtsrates und namentlich des Vorstandes abhängt, daß die Abberufung derselben durch die Generalversammlung der Vernichtung der Aktiengesellschaft gleichkäme, und dann ist die Generalversammlung und die Aktiengesellschaft gegen die Willkür dieser Organe nur geschützt durch die allerdings scharfen Vorschriften des Gesetzes über die zivil- und strafrechtliche Verantwortlichkeit der Mitglieder des Vorstandes und Aufsichtsrates. (Siehe Anmerkung.[1])

§ 3.

Grundlegende Erörterungen über die Rechtsstellung der Organe einer juristischen Person im allgemeinen und der Organe des Aktienvereins im besonderen.

I.

Der Wille der juristischen Person und deshalb auch der mit juristischer Persönlichkeit ausgestatteten Körperschaft

---

[1]) Anmerkung. Es gibt darnach weder gegen den Vorstand noch gegen den Aufsichtsrat eine Klage auf Erteilung von Aufschluß. Dagegen ist eine Klage der Gesellschaft gegen ein einzelnes oder auch gegen mehrere Mitglieder des Vorstandes oder Aufsichtsrates sehr wohl denkbar und zwar sowohl dann, wenn das Vorstandsmitglied noch zum Vorstand gehört, wie insbesondere dann, wenn es aus dem Vorstand ausgeschieden ist. Die Klage kann, wie auf die Leistungen aus der Dienstverpflichtung überhaupt, so auch auf Erteilung von Aufschluß gerichtet sein. Die Klage wäre zu stützen auf §§ 666, 675 des G.-B.-B., wonach der Beauftragte oder Dienstverpflichtete auf Verlangen über den Stand der von ihm geführten Geschäfte Auskunft zu erteilen hat. Aber berechtigt zur Klagerhebung wäre die Aktiengesellschaft, und zuständig dasjenige Organ, das für die Geschäftsführung im allgemeinen zuständig ist. Das ist der Vorstand. § 231 H.-G.-B. Der Fall wäre z. B. dann denkbar, wenn ein einzelnes Vorstandsmitglied den anderen Vorstandsmitgliedern oder wenn die Gesamtheit der ausgeschiedenen Vorstandsmitglieder dem neuen Vorstand Auskunft über den Stand der von ihnen geführten Geschäfte verweigerte.

kommt zum Ausdruck im Willen ihrer Organe. Die Machtbefugnis des Organs, für die Körperschaft oder Verbandspersönlichkeit in der Weise tätig zu werden, daß der Wille des Organs als Wille der juristischen Person gilt, daß die aus Handlungen des Organs erwachsenden Rechte und Verbindlichkeiten nicht in der Person des Organs, sondern unmittelbar und (in der Regel wenigstens) ausschließlich in der Person der Körperschaft entstehen, beruht auf der durch Gesetz und Statut bestimmten Verfassung der juristischen Person. Nur deshalb und nur insoweit als die Verfassung einem Organe die Befugnis einräumt, mit unmittelbarer Wirkung für die Verbandspersönlichkeit tätig zu werden, wird die Verbandspersönlichkeit durch Handlungen des Organs berechtigt und verpflichtet. Daraus ergeben sich folgende Leitsätze:

1. Die Verfassung bestimmt nicht nur Zahl und Art der Organe, sondern auch deren Zuständigkeit und Wirkungskreis.

2. Jedes Organ hat nur diejenigen Zuständigkeiten und Machtbefugnisse, die ihm die Verfassung einräumt und ist an die ihm in der Verfassung gezogenen Schranken und deshalb an die Verfassung selbst gebunden.

3. Die Verfassung bestimmt aber auch, ob und inwieweit jedes Organ innerhalb des ihm übertragenen Wirkungskreises selbständig und unabhängig oder bei Ausübung seiner Machtbefugnisse an eine Mitwirkung, an Weisungen und Befehle eines anderen Organs gebunden ist; sie bestimmt das gegenseitige Abhängigkeitsverhältnis der Organe.

Das gegenseitige Zuständigkeits- und Abhängigkeitsverhältnis der Organe kann nun in verschiedener Weise geregelt sein.

1. Die Verfassung kann einem Organe sämtliche für das Körperschaftsleben erforderliche Betätigungen, sämtliche Zuständigkeiten zuweisen, derart, daß dieses Organ das allein herrschende und bestimmende ist und ihm überlassen bleibt, ob und inwieweit es an die anderen Organe einen Teil der Geschäfte übertragen will. Eine orginäre d. h. unmittel-

bar auf der Verfassung beruhende Zuständigkeit besitzt in diesem Falle nur das herrschende Organ. Die Zuständigkeit der anderen Organe hinsichtlich der ihnen vom herrschenden Organe überlassenen Funktionen stützt sich zwar auch auf die Verfassung (denn nur weil die Verfassung die Uebertragung an sie gestattet, können sie mit unmittelbarer Wirkung für die juristische Person tätig sein), aber doch nicht unmittelbar, sie wird vielmehr erst vermittelt durch einen Auftrag des herrschenden Organs. Man kann in diesem Falle von einer abgeleiteten im Gegensatz zu der unmittelbar auf der Verfassung beruhenden orginären Zuständigkeit reden.

2. Die Verfassung kann aber auch jedem Organ einen eigenen, von dem der anderen Organe sachlich abgegrenzten Wirkungskreis übertragen; jedes Organ besitzt dann eine orginäre Zuständigkeit, leitet seine Machtbefugnisse unmittelbar aus der Verfassung ab.

Die Frage, ob die Zuständigkeit der Organe orginärer oder abgeleiteter Natur ist, hat wesentliche Bedeutung für die Bestimmung ihres gegenseitigen Abhängigkeitsverhältnisses.

1. Soweit ein Organ seine Zuständigkeit ableitet aus dem Auftrag eines ihm übergeordneten Organs, ist es ohne Zweifel bei seiner Geschäftsführung an die Weisungen und Befehle des höheren Organs gebunden. Es muß sich sogar gefallen lassen, daß das höhere Organ allgemein oder in einzelnen Fällen in seine Tätigkeit eingreift, die Geschäfte an sich zieht und aus eigener Zuständigkeit erledigt. Das beauftragte niedere Organ ist dann nur insoweit selbständig, als das höherstehende Organ ihm Selbständigkeit einräumt.

2. Anders im Falle der orginären Zuständigkeit der Organe. Da jedes Organ nur die ihm verfassungsmäßig übertragenen Zuständigkeiten besitzt, ist ihm ein Eingriff in den orginären Wirkungskreis eines andern Organs im Zweifel nicht gestattet. Jedes Organ ist innerhalb seines orginären Wirkungskreises im Zweifel selbständig und durchaus unabhängig. Es entscheidet wie unter eigener

Verantwortung so auch nach eigenem Gutdünken. Die Verfassung kann allerdings dieses Verhältnis ändern und bestimmen, daß auch in diesem Falle der orginären Zuständigkeit ein Organ an Weisungen und Befehle eines anderen Organs gebunden ist. Aber ein derartiges Abhängigkeitsverhältnis liegt nur dann und nur insoweit vor, als die Verfassung dies ausdrücklich anordnet. Aehnlich Gierke Seite 689: »Wie immer die Organisation eines Verbandes zugespitzt sein mag, so bleibt doch auch das souveräne Organ stets nur Organ und deckt sich keineswegs mit der unsichtbaren Verbandspersönlichkeit. Dies gilt in gleicher Weise für das monarchische Haupt, wie für die souveräne Generalversammlung. Darum ist die Zuständigkeit des obersten Organs nicht nur beschränkt durch die Schranke des gemeinheitlichen Wirkungskreises überhaupt, sondern auch durch die Zuständigkeit der übrigen Organe und insbesondere durch die gleichfalls orginäre Zuständigkeit der übrigen unmittelbaren Organe begrenzt. Handelt daher das souveräne Organ zwar innerhalb des körperschaftlichen Lebensgebiets jedoch außerhalb seiner verfassungsrechtlich beschränkten Kompetenz, so hat die juristische Person als solche nicht gehandelt.«

II.

Diese Ergebnisse gelten wie für jede juristische Person, so auch für den Aktienverein, sie gelten für alle Organe einer juristischen Person und deshalb auch für die Generalversammlung der Aktiengesellschaft.

Die Anwendung der gewonnenen Grundsätze auf die Aktiengesellschaft und deren Organe führt zu folgenden Ausführungen:

1. Jedes Organ des Aktienvereins ist an die durch Gesetz und Statut gegebene Verfassung gebunden. Dies gilt insbesondere auch von der Generalversammlung und zwar auch in dem Fall, daß sie, wie im deutschen Aktiengesetz,

zuständig ist zur Abänderung der Verfassung. (Siehe Anmerkung.[1]) Sie kann in diesem Falle zwar ihre Rechts- und Machtstellung (soweit nicht zwingende Gesetzesbestimmungen entgegenstehen) durch Satzungsänderung erweitern, aber sie kann sich nicht im einzelnen Fall über die Verfassung hinwegsetzen. — So auch Cosack Seite 26: »Gegen Gesetz und Statut darf die Generalversammlung nicht verstoßen«, ferner Staub § 250, Anmerkung 5, Seite 847: »Gesetz und Statut muß die Generalversammlung bei ihrer Beschlußfassung beobachten, sonst ist diese ungültig und anfechtbar.«

Auch die Generalversammlung als Organ der Aktiengesellschaft leitet ihre Machtbefugnisse ausschließlich aus der Verfassung her. Sie besitzt deshalb nur diejenigen Zuständigkeiten, die ihr die Verfassung einräumt. Unzulässig ist es, aus ihrer Natur und Zusammensetzung Schlüsse für ihren Wirkungskreis zu ziehen. In der Generalversammlung kommt allerdings der Wille der Aktionäre, die in ihrer Gesamtheit und organischen Verbundenheit nach Maßgabe des Aktiengesetzes den Aktienverein selbst darstellen, am unmittelbarsten zur Geltung; aber daraus kann weder eine unbeschränkte Zuständigkeit noch eine Herrscherstellung über die anderen Organe abgeleitet werden. Es mag dies für den Gesetzgeber (bezw. für diejenigen, die das Statut feststellen) Veranlassung sein, ihr für das Vereinsleben besonders wichtige Funktionen und eine gewisse Ueberordnung über die andern Organe einzuräumen, ob ihr aber eine derartige Stellung wirklich zukommt, läßt sich nur aus dem Inhalt der Verfassung bestimmen.

---

[1]) Anmerkung. An sich d. h. ohne ausdrückliche gesetzliche Bestimmung ist die Zuständigkeit der Generalversammlung zur Satzungsänderung zu verneinen. Die Frage war früher lebhaft umstritten, hat aber für das deutsche Recht infolge der Bestimmung des § 274 H.-G.-B. ihre Bedeutung verloren. So wie hier Lehmann Bd. II, S. 197, Renand S. 508. Zuständig zur Statutänderung ist mangels ausdrücklicher Bestimmung nicht die Generalversammlung, sondern nur die Gesamtheit der Aktionäre.

Unrichtig sind deshalb die Ausführungen von Cosack, Handelsrecht, 5. Auflage, Seite 626: »In gewissen Angelegenheiten hat das Gesetz ein für allemal die Entscheidung der Generalversammlung vorbehalten, in allen anderen Fällen bezw. Fragen kann sie selbst aus eigener Machtvollkommenheit die Entscheidung an sich ziehen.« Unrichtig auch Staub, § 250, Anmerkung 5, S. 847: »Die Generalversammlung kann alles bindend beschließen, was ihrer Zuständigkeit nicht durch Statut entzogen ist.« Unrichtig Petersen und von Pechmann, Seite 419: »Die Generalversammlung ist die Vertreterin der Gesellschaft kraft eigenen Rechtes.«

Richtig dagegen Lehmann, Band II, S. 157, 158, 185: »Die Generalversammlung besitzt keineswegs eine unbeschränkte Stellung, die Generalversammlung kann zwar durch Umgestaltung der Vereinssatzung den Kreis ihrer Tätigkeit ausdehnen, aber sie ist keineswegs in der Lage, willkürlich alle Machtbefugnisse in sich zu vereinigen.«

2. Was das Abhängigkeitsverhältnis des Vorstandes und Aufsichtsrates von der Generalversammlung anlangt, so gilt folgendes:

a) Vorstand und Aufsichtsrat sind allgemein an die Weisungen und Befehle der Generalversammlung gebunden, sind lediglich Ausführungsorgane für die Beschlüsse der Generalversammlung dann, wenn sie ihre Zuständigkeit aus einem Auftrag der Generalversammlung ableiten. Die Generalversammlung kann in diesem Falle auch die Zuständigkeit von Aufsichtsrat und Vorstand allgemein oder im einzelnen Falle ausschalten und deren Befugnisse an sich ziehen.

b) Soferne dagegen die Zuständigkeit von Vorstand und Aufsichtsrat orginärer Natur ist, d. h. sich unmittelbar auf die Verfassung gründet, sind sie an Weisungen und Befehle der Generalversammlung nur dann und nur insoweit gebunden, als die Verfassung dies ausdrücklich anordnet. Soweit solche Bestimmungen nicht vorhanden sind, sind Vorstand und Aufsichtsrat innerhalb ihres orginären Wirkungskreises selbständig, von Beschlüssen der Generalversammlung durchaus unabhängig und brauchen sich Eingriffe in ihre Machtsphäre durch die Generalversammlung nicht gefallen zu lassen.

Um nun die gegenseitige Rechtsstellung von Vorstand, Aufsichtsrat und Generalversammlung des näheren beurteilen zu können, sind folgende Fragen zu untersuchen:

1. Wo finden wir die für die Verfassung des Aktienvereins maßgebenden Bestimmungen? Rechtsquellenfrage § 4.

2. Beruht die Zuständigkeit von Vorstand und Aufsichtsrat unmittelbar auf der Verfassung, oder leiten sie ihre Zuständigkeit und Machtbefugnisse von der Generalversammlung ab? Orginäre oder abgeleitete Zuständigkeit? § 5. Kommen wir zu dem Ergebnis, daß ihre Zuständigkeit orginärer Natur ist, dann bleibt weiter die Frage zu untersuchen:

3. Inwieweit ist durch ausdrückliche Verfassungsbestimmungen ein Abhängigkeitsverhältnis des Vorstandes und Aufsichtsrates gegenüber der Generalversammlung begründet. § 6 der Abhandlung.

§ 4.

Die Rechtsquellenfrage.

I. Die Verfassung des Aktienvereins beruht auf Gesetz und Statut. Die gesetzlichen Verfassungsbestimmungen regeln das gegenseitige Zuständigkeits- und Abhängigkeitsverhältnis der Organe des Aktienvereins, wie wir noch sehen werden, zwar erschöpfend, aber nicht in allen Punkten zwingend. Es ist vielmehr in weitem Umfange gestattet, durch das Statut das gegenseitige Verhältnis in anderer als der im Gesetz vorgesehenen Weise zu ordnen. Dadurch ist die Möglichkeit geschaffen, jedem Aktienverein eine seinen individuellen Verhältnissen entsprechende Organisation zu geben, und diese den verschiedenen Bedürfnissen des Lebens anzupassen. Die Statuten der Aktiengesellschaften machen hievon ausgiebigen Gebrauch. Es mag beispielsweise darauf hingewiesen werden, daß der Aufsichtsrat vom Gesetzgeber hauptsächlich als Kontrollorgan für die Geschäftsführung des Vorstandes gedacht ist, daß dagegen das Statut fast regelmäßig dem Aufsichtsrat in weitgehendem Maße die Geschäftsführung gerade in den für die Gesellschaft wichtigsten Punkten überträgt.

Gegenstand der Darstellung kann nun nicht sein die Darlegung der Rechtsstellung der Organe des Aktienvereins, wie sie sich auf Grund derartiger statutarischer Bestimmungen gestaltet. Hier soll nur dargelegt werden das Verhältnis der Organe auf Grund der gesetzlichen Bestimmungen, also in den Fällen, in denen das Statut abweichende Vorschriften nicht vorsieht. Bezüglich statutarischer Abweichungen mag hier nur bemerkt werden, daß sie nur insoweit giltig sind, als sie nicht gegen zwingende Bestimmungen des Gesetzes verstoßen.

II. Als Rechtsquelle für die Bestimmung des Rechtsverhältnisses zwischen Vorstand, Aufsichtsrat und Generalversammlung kommt in erster Linie in Betracht das deutsche H.-G.-B. Streitig ist, ob und inwieweit ergänzend die Vorschriften des B. G.-B. über das Vereinsrecht in Betracht kommen. Die herrschende Lehre will diese Bestimmungen ergänzend heranziehen, so Staub in den früheren Auflagen des H.-G.-B. und Makower. Auch das R.-G. sagt in seiner Entscheidung vom 23. I. 03. J. W. 1903, Beilage Seite 39: »Es unterliegt nach § 22 B. G.-B. in Verbindung mit Art. 2 E.-G. zum H.-G.-B. keinem Bedenken, daß für die Beantwortung der Frage, ob eine Aktiengesellschaft für unerlaubte Handlungen ihres Vorstandes Dritten gegenüber aufzukommen hat, die Vorschrift des § 31 des B. G.-B. maßgebend ist.« Die neuere Literatur leitet vielfach gerade aus der Anwendung der Vereinsbestimmungen des B. G.-B. auf das Aktienrecht die unbeschränkte Zuständigkeit und herrschende Stellung der Generalversammlung gegenüber den anderen Organen des Aktienvereins ab. Deshalb muß hier zu der Frage nach der Anwendbarkeit der Bestimmungen des B. G.-B. auf das Aktienrecht Stellung genommen werden. Wir werden uns aber damit nicht begnügen, sondern an anderer Stelle den Nachweis liefern, daß die aus der Anwendung der Vorschriften des B. G.-B. auf das Aktienrecht für das gegenseitige Verhältnis der Organe des Aktienvereins gezogenen Schlußfolgerungen großen Teils weniger auf der irrtümlichen Heranziehung als auf einer irrtümlichen Auslegung der betreffenden Gesetzesstellen beruhen.

Die Heranziehung der Vorschriften des B. G.-B. über das Vereinsrecht auf das Aktienrecht wird gegründet auf den § 22 des B. G.-B., der lautet: »Ein Verein, dessen Zweck auf einen wirtschaftlichen Geschäftsbetrieb gerichtet ist, erlangt in Ermanglung besonderer reichsgesetzlicher Vorschriften Rechtsfähigkeit durch staatliche Verleihung.« Der Nachdruck wird gelegt auf die Worte »in Ermanglung besonderer reichsgesetzlicher Vorschriften.« Diese Worte wurden eingesetzt, um zum Ausdrucke zu bringen, daß die Vorschriften über den Erwerb der Rechtsfähigkeit seitens der Aktiengesellschaften, der G. m. b. H., der Erwerbs- und Wirtschaftsgenossenschaften hiedurch nicht berührt werden. Und nun schließt man: Der Gesetzgeber hat es für notwendig gehalten, ausdrücklich zu bestimmen, daß die Vorschrift des § 22 auf die Aktiengesellschaften keine Anwendung findet. Er ging also von der Auffassung aus, daß die Bestimmungen des B. G.-B. über das Vereinsrecht an sich auch auf die Aktiengesellschaft anwendbar sei. Der Schluß ist jedoch keineswegs zwingend. Die Hereinnahme der Worte »in Ermanglung besonderer reichsgesetzlicher Vorschriften« läßt sich auch in anderer Weise erklären. Der Gesetzgeber wollte damit wegen der hervorragenden Bedeutung der Aktiengesellschaften, der G. m. b. H. und der Genossenschaften jeden Zweifel darüber ausschließen, daß diese Verbände Rechtsfähigkeit erwerben lediglich nach Maßgabe der besonderen Gesetze, und daß nicht außerdem noch staatliche Verleihung der Rechtsfähigkeit erforderlich sein sollte. Keinesfalls kann man in den Worten »mangels besonderer reichsgesetzlicher Vorschriften« eine ausdrückliche Anordnung des Inhalts erblicken, daß auf die Aktiengesellschaften die Vereinsbestimmungen des B. G.-B. Anwendung finden sollen.

Gegen die Heranziehung der Vorschriften des B. G.-B. zur Ergänzung des Aktienrechtes sprechen folgende Erwägungen.

Art. 2 des E.-G. zum H.-G.-B. bestimmt, daß in Handelssachen die Vorschriften des B. G.-B. nur insoweit zur Anwendung kommen, als nicht im H.-G.-B. oder im E.-G. ein anderes bestimmt ist. Ein anderes wird aber bestimmt nicht nur dadurch, daß das H.-G.-B. oder sein E.-G. ausdrücklich die Anwendung der Vorschriften des B. G.-B. ausschließen, sondern auch dadurch, daß das H.-G.-B. eine Materie erschöpfend regelt. Und letzteres gilt für das Aktienrecht. Das Aktienrecht war bereits vor dem B. G.-B. im H.-G.-B. erschöpfend behandelt. Bei der Neuredaktion des H.-G.-B., die sich im Anschluß an das B. G.-B. vollzog, wurde nicht eine einzige Vorschrift für entbehrlich gehalten. Auch bei den offiziellen Verhandlungen über die Neuredaktion verlautbarte nie die Meinung, als ob das Aktienrecht ergänzt würde durch die Vereinsvorschriften des B. G.-B. Besondere Bedeutung gewinnt der Umstand, daß das H.-G.-B. bei der offenen Handelsgesellschaft es ausdrücklich für notwendig erachtete, auf die ergänzende Anwendbarkeit der Vorschriften des B. G.-B. über das Gesellschaftsrecht hinzuweisen, während im Aktienrecht ein derartiger Hinweis auf die Vereinsbestimmungen des B. G.-B. sich nicht findet. § 105 H.-G.-B. (vergl. hiezu Staudinger B. G.-B. II. Auflage, Seite 128 IV, Note II, Staub neueste Auflage § 178, Anmerkung 6, Seite 616, Zeitschrift für Handelsrecht, Band 50, Seite 100, Band 49, Seite 1, Dernburg B. G.-B. Band 1, § 82, Note 7, Entscheidung der O.-L.-G., Band 4, Seite 256, 261). Die hier vertretene Auffassung kommt auch zum Ausdruck in den Motiven zum B. G.-B., wo es heißt:

»Aber auch nach ihren privatrechtlichen Beziehungen war eine erhebliche Zahl von Vereinigungen der Regelung durch das B. G.-B. nicht zu unterwerfen. Es gehören dahin zunächst die schon durch die bisherige Reichsgesetzgebung geordneten Vereinigungen, insbesondere die handelsrechtlichen Gesellschaften, die Erwerbs- und Wirtschaftsgenossenschaften und die Gesellschaften mit beschränkter Haftung.« Mugdan, Materialien zum B. G.-B., E.-G. und allgemeiner Teil, Seite 826.

Damit soll nicht gesagt sein, daß nicht einzelne vereinsrechtliche Vorschriften des B. G.-B. auch auf die Aktiengesellschaften Anwendung finden, aber die allgemeine Anwendbarkeit ist sicher nicht ausdrücklich vorgeschrieben, und für die Anwendbarkeit spricht nicht die Vermutung, sondern die Vereinsvorschriften des B. G.-B. sind nur insoweit auf das Aktienrecht anwendbar, als sich dies für jede einzelne Vorschrift nachweisen läßt. So wird man mit dem R.-G. unbedenklich den § 31 B. G.-B. auch auf das Aktienrecht anwenden; denn § 31 enthält nicht eine spezifisch vereinsrechtliche Bestimmung, sondern einen allgemeinen, für juristische Personen geltenden Rechtsgrundsatz, den die moderne rechtsgeschichtliche Entwicklung gezeitigt hat. Auf jene vereinsrechtlichen Vorschriften des B. G.-B., die für die Bestimmung des gegenseitigen Verhältnisses der Organe des Aktienvereins vielfach herangezogen werden, ist an anderer Stelle noch besonders einzugehen.

§ 5.

Orginäre Zuständigkeit des Vorstandes und Aufsichtsrates.

I. Die Verfassungsbestimmungen des deutschen Aktienrechtes weisen dem Vorstande die gesamte ordentliche Geschäftsführung der Aktiengesellschaft zu, soweit diese nicht anderen Organen übertragen ist. Das Gesetz hat diesen Satz allerdings nicht ausdrücklich ausgesprochen. Nach ausdrücklicher Gesetzesbestimmung obliegt dem Vorstande die gerichtliche und außergerichtliche Vertretung der Aktiengesellschaft § 231, die Sorge für die Buchführung § 239, die Vorlegung der Bilanz, der Gewinn- und Verlustrechnung und des Geschäftsberichtes an den Aufsichtsrat und nach Einholung der Bemerkungen des Aufsichtsrates an die Generalversammlung § 260 II, weiter die Berufung der Generalversammlung § 253, die Anzeige von Verlusten am Grundkapital § 240 I, Beantragung des Konkurses § 240 II. Aus diesen Bestimmungen ist hinreichend deutlich erkennbar, daß die gesamte Geschäftsführung, soweit sie nicht ausdrücklich anderen Organen übertragen ist, dem Vorstande obliegt. Nur deswegen ist ihm die gerichtliche und außergerichtliche Vertretung, die Sorge für die Buchführung, die Pflicht für die Vorlegung der Bilanz, der Gewinn- und Verlustrechnung und des Geschäftberichtes übertragen; deshalb bestimmt § 241 I, daß die Mitglieder des Vorstandes bei ihrer Geschäftsführung (siehe Anm.[1]) die Sorgfalt eines ordentlichen Geschäftsmannes anzuwenden haben; deshalb bestimmt § 246, daß der Vorstand dem Aufsichtsrat auf Verlangen über seine Geschäftsführung und über den Gang der Angelegenheiten in allen Zweigen der Verwaltung Bericht zu erstatten habe. Doch besteht hinsichtlich der Geschäftsführung des Vorstandes folgender Unterschied: Die dem Vorstand in den oben angeführten Paragraphen ausdrücklich übertragenen Tätigkeiten sind gesetzlich notwendige Funktionen des Vorstandes; sie können ihm nicht genommen werden weder durch Beschlüsse der Generalversammlung, noch durch Statut; die übrige Geschäftsführung aber kann durch Statut auch dem Aufsichtsrat (conf. § 246 III H.-G.-B.) übertragen werden oder der Generalversammlung vorbehalten bleiben. Soweit dies aber nicht geschehen ist, steht auch sie dem Vorstande zu. So auch Staub § 231, Anmerkung 7, Seite

[1]) Anmerkung. Vergl. dazu § 249 H.-G.-B.: »Die Mitglieder des Aufsichtsrates haben bei Erfüllung ihrer »Obliegenheiten« die Sorgfalt eines ordentlichen Geschäftsmannes anzuwenden.«

775; ähnlich auch Petersen und v. Pechmann Seite 474: »Die Vertretung ist dem Vorstande deshalb übertragen, weil er überhaupt das Organ bildet, das die Geschäftsführung der Gesellschaft zu leiten hat. Allerdings ist die Geschäftsführung kein wesentliches Erfordernis des Vorstandes, sie kann vielmehr auch anderen Organen übertragen sein. (Dieser letztere Satz ist nach den vorstehenden Ausführungen nur zum Teil richtig). Aber soweit dies nicht der Fall ist, ist der Vorstand das geschäftsführende Organ, ihm obliegt es, den Betrieb unter eigener Verantwortung zu leiten.« So auch Hagenhahn, der Vorstand der Aktiengesellschaft, Seite 3: »Nur dasjenige ständige Organ charakterisiert sich als Vorstand, welchem die regelmäßige gerichtliche und außergerichtliche Vertretung wie die dauernde unbeschränkte und in gewissem Maße auch unbeschränkbare Geschäftsführung und Wahrung der Interessen der Gesellschaft zukommt.« Unrichtig dagegen Völderndorf Art. 227, Seite 624: »Das Gesetz legt das Charakteristikum der Vorstandsqualität in die Vertretung der Gesellschaft nach außen und es kommt im Gesetzbuch der Vorstand nur in Bezug auf diese Funktion in Betracht. Die Geschäftsführung, der Betrieb des Unternehmens ist begrifflich demselben nicht zugewiesen, sie kann ihm übertragen sein.«

Der Aufsichtsrat ist in erster Linie als Kontrollorgan für die Geschäftsführung des Vorstandes gedacht. Nach § 246 H.-G.-B. hat der Aufsichtsrat die Geschäftsführung der Gesellschaft in allen Zweigen der Verwaltung zu überwachen und sich zu dem Zwecke von dem Gange der Angelegenheiten der Gesellschaft zu unterrichten. Er kann jederzeit über diese Angelegenheiten Berichterstattung von dem Vorstande verlangen und selbst oder durch einzelne von ihm zu bestimmende Mitglieder die Bücher und Schriften der Gesellschaft einsehen, sowie den Bestand der Gesellschaftskasse und die Bestände an Wertpapieren und Waren untersuchen. Er hat die Jahresrechnungen, die Bilanzen und die Vorschläge zur Gewinnverteilung zu prüfen und darüber der Generalversammlung Bericht zu erstatten. Er hat eine Generalversammlung zu berufen, wenn dies im Interesse der Gesellschaft erforderlich ist. § 246 H.-G.-B. Weitere Obliegenheiten werden ihm durch das Statut übertragen, so in der Regel die Bestellung und damit auch die Abberufung der Mitglieder des Vorstandes, vielfach auch ein Teil der an sich dem Vorstand zukommenden Geschäftsführung. Dem Aufsichtsrat ist darnach seine Kontrolltätigkeit ebenso wie dem Vorstand die Geschäftsführung durch die »Verfassungsbestimmungen des Gesetzes« übertragen. Die Kontrolltätigkeit ist eine gesetzlich notwendige Funktion des Aufsichtsrates; weder Statut noch Beschluß der Generalversammlung kann den Aufsichtsrat von dieser Verpflichtung entbinden.

Die Zuständigkeit des Vorstandes zur regelmäßigen ordentlichen Geschäftsführung, die des Aufsichtsrates zur Beaufsichtigung ist darnach orginärer Natur, d. h. sie beruht unmittelbar auf der gesetzlich bestimmten Verfassung des Aktienvereins, nicht auf einem Auftrag der Generalversammlung. Deshalb sind Vorstand und Aufsichtsrat bei Wahrnehmung ihrer Funktionen zunächst nur an die Bestimmungen der Verfassung gebunden; der Generalversammlung dagegen ist eine Einflußnahme auf ihre Zuständigkeiten und Machtbefugnisse nur soweit gestattet, als dies ausdrücklich in der Verfassung vorgesehen ist.

II. Unzulässig ist es, aus der Art und Weise, wie Vorstand und Aufsichtsrat in ihre Organstellung berufen werden, Folgerungen für ihre Rechtsstellung abzuleiten. Der Aufsichtsrat geht unmittelbar aus periodisch sich wiederholenden Wahlen der Generalversammlung hervor § 243 H.-G.-B. Der Vorstand kann gleichfalls unmittelbar von der Generalversammlung bestellt werden; in der Regel allerdings ist seine Bestellung dem Aufsichtsrat anheimgegeben § 182, Ziff. 4, H.-G.-B. Aber ihre Machtbefugnisse, ihre Zuständigkeiten leiten Vorstand und Aufsichtsrat nicht aus der Berufung, nicht aus einem Auftrag der Generalversammlung, sondern unmittelbar aus der Verfassung ab. Die Generalversammlung bestimmt, welche Personen den Aufsichtsrat, Aufsichtsrat oder Generalversammlung bestimmen, welche Personen den Vorstand bilden sollen; sie bestimmen aber nicht die Rechtsstellung, welche den von ihnen berufenen Organen zukommt. Man mag in der Bestellung durch die Generalversammlung (bezw. durch den Aufsichtsrat) einen Auftrag erblicken; aber der Inhalt dieses Auftrages kann doch nur der sein, daß Aufsichtsrat und Vorstand jene Rechtsstellung einnehmen und jene Funktionen wahrnehmen sollen, welche die Verfassung ihnen zuweist. Ein Auftragsverhältnis zwischen Generalversammlung und Aufsichtsrat und Vorstand (bezw. zwischen Aufsichtsrat und Vorstand) in dem Sinne, daß Aufsichtsrat und Vorstand den Weisungen der Generalversammlung (bezw. der Vorstand den Weisungen des Aufsichtsrates) als ihrem Auftraggeber Folge zu leisten hätten, eine Ueberordnung der Generalversammlung kann daraus nicht abgeleitet werden. Nur die Berufung in die Organstellung beruht auf einem Auftrag der Generalversammlung (bezw. des Aufsichtsrates), nicht aber die Rechtsstellung.

Es liegt nahe, auf einige analoge Verhältnisse hinzuweisen, die allerdings dem Gebiete des öffentlichen Rechtes angehören. Mitglieder des Reichs- und Landtages gehen aus allgemeinen Wahlen des Volkes hervor; aber sie leiten deshalb ihre Rechtsstellung nicht aus einem Auftrage ihrer Wähler, sondern unmittelbar aus der Staatsverfassung her; an irgend welche Weisungen ihrer Wähler sind sie nicht gebunden. Der verantwortliche Minister im konstitutionellen Staate wird vom König berufen und kann von ihm nach Belieben wieder entlassen werden; dennoch ist er in der Ausübung seines Amtes nicht an Weisungen des Königs, sondern nur an die Staatsgesetze gebunden. Auch das Privatrecht kennt ein analoges Verhältnis: Der Vormund leitet sein Amt aus einem Auftrag des Vormundschaftsrichters her. Seine Rechtsstellung dagegen, seine Vertretungs- und Verwaltungsbefugnisse beruhen nicht auf diesem Auftrag, sondern unmittelbar auf dem Gesetze.

Unrichtig sind die Ausführungen von Petersen und von Pechmann Seite 419, die hier angeführt werden mögen, weil in ihnen die Auffassung der herrschenden Literatur über die Stellung der Generalversammlung gegenüber dem Vorstand und Aufsichtsrat wohl am besten begründet ist. Er schreibt: »Die Generalversammlung ist die Vertreterin der Gesellschaft kraft eigenen Rechtes. In den Beschlüssen, die sie faßt, findet der Wille der Aktionäre in Bezug auf die Gesellschaft, deren Herren sie sind, seinen geordneten Ausdruck. Dagegen sind die Vertretungsbefugnisse des Aufsichtsrates und Vorstandes nur abgeleiteter Natur, sie beruhen auf der Bestellung durch die Generalversammlung, welche den Aufsichtsrat wählt, den Vorstand wenigstens mittelbar bestellt und Namens der Gesellschaft auf die Personen ihrer Wahl die Rechte überträgt, welche nach den Vorschriften des Gesetzes und den Bestimmungen des Gesellschaftsvertrages dem Vorstand und Aufsichtsrat zukommen. Dieser Stellung von Generalversammlung, Aufsichtsrat und Vorstand entspricht es, daß die Zuständigkeit der Generalversammlung durch die Zuständigkeit des Vorstandes und Aufsichtsrates grundsätzlich nicht ausgeschlossen wird. Die Beschlüsse der Generalversammlung sind für den Vorstand und Aufsichtsrat bindend und zwar auch in denjenigen Angelegenheiten, welche in den gesetz- und statutenmäßigen Wirkungskreis des Vorstandes und Aufsichtsrates fallen.«

Ergebnis:

Die Zuständigkeit von Vorstand und Aufsichtsrat ist orginärer Natur. Vorstand und Aufsichtsrat leiten ihre Machtbefugnisse ebenso unmittelbar aus der Verfassung ab wie die Generalversammlung. Sie sind deshalb bei Wahrnehmung ihrer Funktionen an Weisungen der Generalversammlung nur insoweit gebunden, als die Verfassung dies ausdrücklich anordnet. Inwieweit dies der Fall ist, soll in den folgenden Paragraphen geprüft werden.

§ 6.

Die Generalversammlung als oberstes Organ des Aktienvereins.

Die Generalversammlung ist jenes Organ, in dem der Wille der in der Aktiengesellschaft organisierten Aktionäre seinen unmittelbaren Ausdruck findet. Um ihr eine dementsprechende Bedeutung zu geben, hat der Gesetzgeber es für notwendig erachtet, ihr die Beschlußfassung und Entscheidung in allen das Wesen und die Interessen der Aktiengesellschaft besonders berührenden Angelegenheiten vorzubehalten. (Conf. Motive Seite 150).

Deshalb hat das Gesetz der Generalversammlung zugewiesen:

Die Abänderung des Gesellschaftsvertrages, Grundkapitalerhöhung und Herabsetzung §§ 274, 278, 288 H.-G.-B.; Wahl und Berufung der Mitglieder des Aufsichtsrates § 243, die Festsetzung der Vorschriften über die Bestellung und Zusammensetzung des Vorstandes § 182, Ziff. 4. Ihr obliegt weiter die Genehmigung der Jahresbilanz, die Gewinnverteilung, die Entgegennahme des Geschäftsberichtes, Entlastung der Mitglieder des Vorstandes und Aufsichtsrates § 260; ferner auch die Abberufung der Mitglieder des Aufsichtsrates und, wenn sie sich die Bestellung des Vorstandes selbst vorbehalten hat, auch dessen Abberufung §§ 243 IV, 231 III. (Siehe Anmerkung.[1]) Schließlich bestimmt das Gesetz noch allgemein, daß die Generalversammlung zu berufen ist, wenn das Interesse der Gesellschaft es erfordert und hat ihr somit auch in diesen Angelegenheiten die Entscheidung übertragen §§ 246, 253 H.-G.-B. Vermöge ihrer Zuständigkeit zur Abänderung des Gesellschaftsvertrages hat die Generalversammlung es in der Hand, den Zweck der Gesellschaft zu

---

[1]) Anmerkung. Vergl. dazu Entschdg. der Oberlandesgerichte: Bd. II, Seite 462 und Bd. X, Seite 338. A. A. Staub.

bestimmen und die Zweckbestimmung zu ändern. Durch die Bestimmung des Zweckes der Gesellschaft gibt die Generalversammlung die Ziele und die Richtung an, in der sich das gesamte Vereinsleben und deshalb auch die Tätigkeit der übrigen Organe zu bewegen hat. Dadurch, daß ihr die Berufung der übrigen Organe (jedenfalls die des Aufsichtsrates, möglicherweise oder wenigstens indirekt die des Vorstandes) vorbehalten ist, sie also nur solche Männer dazu berufen wird, denen sie in besonderem Maße ihr Vertrauen entgegenbringt, sichert sie sich, daß die Gesellschaftsgeschäfte auch in ihrem Sinne erledigt werden. Ihre Machtbefugnis, die anderen Organe, wenn diese ihr Vertrauen verscherzt haben sollen, abzuberufen, gewährt ihr dauernd den maßgebenden Einfluß auf die gesamte Geschäftsführung und Geschäftsgebarung.

Deshalb ist es richtig, wenn die Generalversammlung als das oberste Organ des Aktienvereins bezeichnet wird. Nur muß man sich hüten, mit diesem Begriffe den einer unbeschränkten Machtvollkommenheit und den der absoluten Ueberordnung über die übrigen Organe zu verbinden. So auch das R.-G., Bd. 43, S. 286. Man mag die anderen Organe ihr gegenüber als die niederen bezeichnen, aber man darf damit nur sagen wollen, daß sie geringere, weniger bedeutsame Machtvollkommenheiten besitzen, nicht aber, daß sie der Generalversammlung untergeordnet, ihr untergeben seien. Die Zuständigkeit der Generalversammlung beschränkt sich auf die ihr im Gesetz ausdrücklich zugewiesenen Tätigkeiten. Die Generalversammlung hat nicht die Befugnis, die den übrigen Organen zugewiesenen Zuständigkeiten an sich zu ziehen. Aus keiner Bestimmung des Gesetzes läßt sich eine derartig omnipotente Machtstellung der Generalversammlung ableiten.

Insbesondere soll auch hier noch einmal hervorgehoben werden, daß die ordentliche regelmäßige Geschäftsführung dem Vorstand übertragen ist, und daß infolgedessen dieser die Vermutung der Zuständigkeit für sich hat. Anders liegen die Verhältnisse nach dem Vereinsrechte des B. G.-B.

§ 32 des B. G.-B. erklärt die Generalversammlung für alle Vereinsangelegenheiten für zuständig, deren Regelung nicht ausdrücklich dem Vorstande, oder einem andern Organe übertragen ist. Selbst wenn man entgegen unserer in § 4 dargelegten Auffassung die Anwendbarkeit der Vereinsbestimmungen des B. G.-B. auf das Aktienrecht im Allgemeinen bejahte: die Anwendbarkeit des § 32 ist unter allen Umständen ausgeschlossen. § 32 B. G.-B. enthält gegenüber der im H.-G.-B. vorgesehenen Verteilung der Zuständigkeiten die allgemeine Norm. Die speziellen Vorschriften des H.-G.-B. aber gehen nach anerkannten Rechtsgrundsätzen den allgemeinen Normen des B. G.-B. vor. Zudem erklärt § 32 die Generalversammlung nur für jene Vereinsangelegenheiten für zuständig, die nicht ausdrücklich einem andern Organe übertragen sind. Nachdem aber das H.-G.-B. die ordentliche Geschäftsführung dem Vorstand, die Kontrolle der Geschäftsführung dem Aufsichtsrat zuweist, wäre schon auf Grund des § 32 die Generalversammlung hiefür unzuständig. Das Aktienrecht hat durch eine straffe Organisation sämtliche durch das Vereinsleben gebotenen Betätigungen derart auf die verschiedenen Organe verteilt, daß für die Anwendung des § 32 B. G.-B. kein Raum bleibt. Es mag noch darauf hingewiesen werden, daß nach dem Rechte des B. G.-B. die Bestimmung des § 32 nur dispositives Recht enthält, daß also die Vereinssatzung ein anderes anordnen kann § 40 B. G.-B; für das Recht der Aktiengesellschaft geben schon die gesetzlichen Verfassungsbestimmungen eine anderweite Verteilung der Zuständigkeiten.

Im übrigen ist noch zu erwähnen, daß in gewissem Umfange auch das H.-G.-B. eine dem § 32 B. G.-B. ähnliche Bestimmung aufweist. §§ 253, 246 H.-G.-B. bestimmen, daß Vorstand und Aufsichtsrat die Generalversammlung zu berufen haben, wenn das Interesse der Gesellschaft es erfordere. Mit der Auslegung dieser Vorschrift hat sich eingehend der Deutsche Juristentag zu Innsbruck vom Jahre 1904 befaßt, auf dessen Verhandlungen verwiesen wird. Die Auslegung ist sehr strittig, auch auf dem Juristentag wurde eine Einigung nicht erzielt. Darüber war man sich aber allseits einig, daß § 253 mit der in den Bereich der regelmäßigen ordentlichen Geschäftsführung fallenden Tätigkeit des Vorstandes nichts zu tun habe, daß durch § 253 dem Vorstand in dieser Hinsicht Beschränkungen nicht auferlegt werden.

Die hier vertretene Auffassung über das Verhältnis von Vorstand, Aufsichtsrat und Generalversammlung wird geteilt von Simon, Seite 7. »Ein Grundsatz, wonach die Generalversammlung in allen Fällen zuständig ist, in welchen nicht gesetzlich ein anderes Organ fungiert, existiert für die Aktiengesellschaft nicht und ist auch entwicklungsgeschichtlich nicht zu rechtfertigen. da der Generalversammlung erst allmählich und stückweise bestimmte Rechte insbesondere auch bezüglich der Bilanz eingeräumt wurden. Nach dem Aktiengesetz hat jedes Organ, einschließlich der Generalversammlung nur den bestimmten ihm zugewiesenen Geschäftskreis.«

Mit der Uebertragung der ordentlichen regelmäßigen Geschäftsführung an den Vorstand, mit der Uebertragung der Kontrolle der Geschäftsführung an den Aufsichtsrat sind diese Betätigungen dem Machtbereich der Generalversammlung entrückt. Eine Einflußnahme darauf ist ihr nur insoweit gestattet, als das Gesetz oder Statut dies ausdrücklich vorsieht; inwieweit dies auf Grund gesetzlicher Bestimmungen der Fall ist, sollen nachstehende Ausführungen des § 7 im einzelnen dartun.

Anhang zu § 6.

Anhangsweise soll hier versucht werden die Auslegung der Worte des § 260 I H.-G.-B.: »Genehmigung der Bilanz durch die Generalversammlung«, da diese Gesetzesstelle nicht unwesentlich ist für die Bestimmung der rechtlichen Stellung des Vorstandes gegenüber der Generalversammlung.

In der Literatur kommt durchgehend die Auffassung zur Geltung, »Genehmigung der Bilanz« im Sinne des § 260 I sei gleichbedeutend mit »Feststellung der Bilanz«. So Staub,

§ 260, Anmerkung 10, ebenso mit eingehender Begründung Rehm, Seite 601, Simon, Seite 23. Bei näherer Betrachtung erscheint diese Auslegung nicht einwandfrei. Es erheben sich dagegen folgende Bedenken:

Der Wortlaut des Gesetzes besagt: »Die Generalversammlung beschließt über die Genehmigung der Jahresbilanz und die Gewinnverteilung«. Also: Die Gewinnverteilung wird von der Generalversammlung »beschlossen«, die Bilanz wird von ihr »genehmigt«, entsprechend der Ausdrucksweise ist auch der Sinn verschieden. § 260 H.-G.-B. verdankt seine Fassung der Neuredaktion des H.-G.-B. vom Jahre 1897. Diese vollzog sich im Anschluß an die Kodifikation des bürgerlichen Rechtes und verfolgte hauptsächlich den Zweck, das Handelsrecht materiell und formell dem B. G.-B. anzupassen. Es liegt deshalb die Annahme nahe, daß das Wort »Genehmigung« im H.-G.-B. im gleichen Sinne gebraucht sei wie im B. G.-B. Nach dem Sprachgebrauch des B. G.-B. hat das Wort »Genehmigung« eine technische Bedeutung, es bedeutet gemäß §§ 184, 182 B. G.-B. die nachträgliche Zustimmung zu der von einem anderen abgegebenen Willenserklärung. Wenn das H.-G.-B. deshalb sagt, daß die Generalversammlung die Bilanz zu genehmigen habe, so ist damit zum Ausdruck gebracht, daß zu einer rechtswirksamen Bilanz Willensübereinstimmung zwischen Vorstand und Generalversammlung erforderlich sei. Anders dagegen hinsichtlich der Gewinnverteilung. Diese ist ausschließlich der Generalversammlung anheimgegeben. Die hier vertretene Auffassung wird bestärkt (und nicht beeinträchtigt; so Rehm, Seite 601, Note 7, siehe Anmerkung[1]),

---

[1]) Anmerkung. Wenn § 260 I von Genehmigung und nicht von Zustimmung spricht, so hat dies folgende Bewandtnis. Die Zustimmung kann auch im voraus (§ 183 B. G.-B.), die Genehmigung nur nachträglich erklärt werden. Das aber mußte verhütet werden, daß die Generalversammlung im voraus sich mit der vom Vorstand aufzustellenden Bilanz einverstanden erkläre. Denn dadurch könnte die Mitwirkung der Generalversammlung bei der Bilanzfeststellung überhaupt ausgeschaltet werden.

durch § 235 II H.-G.-B., wo das Wort Zustimmung gleichfalls im technischen Sinn des B. G.-B. gebraucht ist.

Die Auffassung, daß das Wort »Genehmigung« in § 260 I H.-G.-B. nicht im technischen Sinne des § 184 B. G.-B. gebraucht sei, macht dem Gesetzgeber den Vorwurf einer ungenauen, wenig exakten Ausdrucksweise. Bei der Sorgfalt, die bei der Redaktion des B. G.-B. und H.-G.-B. auf die Fassung und Wahl der Worte verwendet wurde, kann ich mich zu dieser Annahme nicht entschließen und zwar umsoweniger, als die gleiche Ungereimtheit der Ausdrucksweise wiederkehrt in § 246 H.-G.-B. Hier heißt es: »Der Aufsichtsrat hat »die Bilanz« und »Vorschläge zur Gewinnverteilung« zu prüfen.« Korrekt müßte es dann auch hier heißen: »Vorschläge zur Bilanz und zur Gewinnverteilung«.

Die hier vertretene Auffassung wird weiter nahe gelegt durch vergleichsweise Heranziehung der Bestimmungen des Gesetzes über die G. m. b. H. Hier besagt § 46: Der Bestimmung der Gesellschafter unterliegt die »Feststellung« der Jahresbilanz. Anders dagegen wieder § 48 des Gesetzes über die Erwerbs- und Wirtschaftsgenossenschaften: »Die Generalversammlung hat über die »Genehmigung« der Bilanz zu beschließen und von dem Gewinn oder Verlust den auf die Genossen fallenden Betrag festzusetzen.« Die Auffassung findet auch eine Stütze in der Entstehungsgeschichte des § 260 I, H.-G.-B. § 260 I ersetzt die Vorschrift des früheren Art. 221 I. Hier heißt es: »Die Rechte, die den Aktionären in Bezug auf die »Prüfung« der Bilanz und die »Bestimmung« der Gewinnverteilung zustehen.« Darnach wurde die Bilanz von der Generalversammlung geprüft, die Gewinnverteilung festgestellt. Art. 239 b verwies auf Art. 185 c, wo von »Genehmigung« der Bilanz der Aktienkommanditgesellschaft durch die Generalversammlung die Rede ist. Genehmigung in Art. 185 c bedeutete aber ganz zweifellos nur ein Mitwirkungsrecht, kein alleiniges Feststellungsrecht.

Das Mitwirkungsrecht des Vorstandes bei der Bilanzfeststellung hat einen guten Sinn. Die Aktionäre, welche vor allem auf eine möglichst hohe Dividende bedacht sind, werden nur zu leicht geneigt sein, durch die Ansätze und Bewertung der Bilanzposten (durch zu niedrige Bemessung der Passiva, durch Unterlassung oder zu geringe Bewertung von Abschreibungen, Unterlassung der Rückstellung von Agiogewinnen, zu hohe Bewertung der Aktiva, zu hohe Einstellung der Agioverluste auf der Aktivseite u. s. w.) mehr Gewinn herauszurechnen, als wirklich verdient wurde. Dadurch, daß zur Bilanzfeststellung Willensübereinstimmung zwischen Vorstand und Generalversammlung erforderlich ist, wird dem vorgebeugt: ob Gewinn vorhanden ist, sowie die Höhe des Gewinnes haben Vorstand und Generalversammlung gemeinsam festzustellen (vergl. § 261, Ziff. 6). Die Verfügung über den vorhandenen Gewinn dagegen fällt in die alleinige Kompetenz der Generalversammlung.

Es kommt weiter in Betracht: Der Vorstand trägt die Verantwortung für die Bilanz. Er ist insbesondere den Gläubigern dafür verantwortlich, daß nicht infolge der Herausrechnung zu hoher, nur fiktiver Gewinne Grundkapital unter die Aktionäre verteilt wird. § 241 H.-G.-B. Seine Haftung wird nicht dadurch ausgeschlossen, daß die Feststellung und Verteilung des Gewinns auf einem Beschluß der Generalversammlung beruht. § 241 IV., H.-G.-B. Eine solche Verantwortung kann man billigerweise dem Vorstand nur dann zumuten, wenn ihm ein Mitwirkungsrecht bei der Bilanzfeststellung zukommt. Andernfalls könnte er sich unter Umständen seiner Haftung nur durch Niederlegung seines Amtes entziehen. Eine — vielleicht erfolglose — Anfechtung des Beschlusses der Generalversammlung im Klageweg würde ihn von dieser Haftung noch nicht entbinden.

Es läßt sich schließlich auch nicht behaupten, daß bei der hier versuchten Auslegung des § 260 II die Macht und Bedeutung der Generalversammlung zu sehr verkümmert würde. Durch ihre Befugnis, den Vorstand jederzeit zu entlassen wie auch dadurch, daß sie ihm die Entlastung verweigern kann, stehen ihr nicht zu unterschätzende Macht- und Zwangsmittel zur Verfügung.

§ 7.

Die Machtstellung der Generalversammlung gegenüber Vorstand und Aufsichtsrat.

I. Die Literatur seit dem B. G.-B. sucht ein absolutes Abhängigkeitsverhältnis des Vorstandes von der Generalversammlung, in erster Linie auf § 27 III des B. G.-B. zu stützen. Es ist bereits an anderer Stelle nachgewiesen, daß die Vereinsbestimmungen des B. G.-B. auf das Aktienrecht nicht anwendbar sind. Hier soll noch ausgeführt werden, daß sich auch bei Annahme der Anwendbarkeit des § 27 III, B. G.-B. auf das Aktienrecht ein Abhängigkeitsverhältnis des Vorstandes von der Generalversammlung daraus nicht ableiten läßt.

§ 27 III, B. G.-B. lautet: »Auf die Geschäftsführung des Vorstandes finden die für den Auftrag geltenden Vorschriften der §§ 664, 670 entsprechende Anwendung«. Daraus folgert man, der Vorstand sei der Beauftragte der Generalversammlung, er habe deshalb in allen Zweigen seiner Geschäftsführung den Weisungen der Generalversammlung Folge zu leisten. So heißt es in einem Aufsatz der Zeitschrift für das gesamte Aktienwesen, Band 15, Seite 76: »Es kann nicht bestritten werden, daß die rechtliche Konstruktion der Stellung des Vorstandes gegenüber der Generalversammlung nur in einer Weise möglich ist, nämlich unter dem Gesichtspunkte des Auftragsverhältnisses; es geht dies aus § 27 III des B. G.-B. hervor, der bestimmt: »auf die Geschäftsführung des Vorstandes u. s. w. . . . . .« Die gleiche Auffassung vertritt ausweislich der stenographischen Berichte des XXVII. deutschen, zu Innsbruck abgehaltenen Juristentages R e h m; hier heißt es: »§ 665 des B. G.-B. gilt gemäß § 27 III (in der stenographischen Beilage ist irrtümlich § 27 II angeführt), entsprechend auf das Verhältnis des Vorstandes zur Mitgliederversammlung beim zivilrechtlichen Verein; dem Rechte dieses Vereins unterliegt subsidiär auch der Aktienverein.« Vergl. Verhandlungen des 27. Juristentages, Band 4, Seite 168.

Die Auslegung, die hier dem § 27 III gegeben wird, ist unrichtig. Diese Gesetzesstelle bestimmt allerdings, daß der Vorstand in einem Auftragsverhältnis steht, aber sie bestimmt nicht, daß er in einem Auftragsverhältnis zur Generalversammlung steht. Auftraggeber des Vorstandes ist im Sinne des § 27 III nicht die Generalversammlung, sondern der Verein. Der Verein kann allerdings nur handeln durch seine Organe und deshalb nur durch seine Organe die Funktionen ausüben, welche ihm als Auftraggeber gegenüber dem Vorstande als seinen Beauftragten zukommen. Aber welchem Vereinsorgane die Rolle des Auftraggebers zufällt, bestimmt § 27 III nicht. Der Verein des B. G.-B. hat nun nur zwei Organe, Vorstand und Generalversammlung und die Wahrnehmung der Funktionen, welche dem Vereine als dem Auftraggeber des Vorstandes zustehen, fällt nach dem B. G.-B. allerdings der Generalversammlung zu; deshalb kann man nach dem Vereinsrechte des B. G.-B. die Generalversammlung als Auftraggeber des Vorstandes, den Vorstand als Beauftragten der Generalversammlung bezeichnen; aber die Rechtsgrundlage für dieses Verhältnis ist nicht der § 27 III, sondern der § 32, der die Zuständigkeit der Generalversammlung für alle Vereinsangelegenheiten begründet, die nicht vom Vorstand oder einem andern Organe zu besorgen sind. § 32 findet aber, wie bereits erörtert, auf das Aktienrecht keine Anwendung. Es mag noch erwähnt werden, daß die Vorschrift des § 27 III B. G.-B. nicht zwingend ist, sondern nur dispositives Recht gibt. § 40 B. G.-B. Der Vorstand kann deshalb schon nach bürgerlichem Vereinsrechte der Generalversammlung gegenüber so selbständig gestellt werden, daß er ihren Weisungen nicht Folge zu leisten braucht. (So auch Staudinger, B. G.-B., Band I,

Seite 151, Note II. 3.) Stets aber wird der Vorstand in einem Abhängigkeitsverhältnis, sei es Auftrag, sei es Dienstvertrag, zum Vereine stehen; die Weisungen, die er zu befolgen hat, liegen in den Verfassungsbestimmungen des Vereins. Die Verpflichtung, dem Geschäftsherrn über den Stand der Geschäfte jeweils Aufschluß zu geben (§ 666), ist allerdings dann insoweit überflüssig und unanwendbar, als der Verein in dem Vorstand als seinem Organe diese Kenntnis bereits besitzt; immerhin hat sie Bedeutung für den Fall, daß der Vorstand aus seinem Amte ausscheidet. § 27 III spricht deshalb auch nur von einer entsprechenden Anwendung der §§ 664—670.

Die hier vertretene Auslegung des § 27 teilt auch Lehmann in seinem Gutachten für den deutschen Innsbrucker Juristentag, er sagt: »§ 27 B. G.-B. wendet auf die Geschäftsführung des Vorstandes die für den Auftrag geltenden Vorschriften der §§ 666—670 B. G.-B. analog an. Aber er hat doch das Verhältnis des Vorstandes zur Körperschaft, nicht zur Generalversammlung im Auge.« Verhandlungen des XXVII. Juristentages, Band I (Gutachten) Seite 66.

Auf den § 27 III B. G.-B. läßt sich demnach ein Auftragsverhältnis zwischen Vorstand und Generalversammlung, eine Unterordnung und eine Verpflichtung des Vorstandes, allgemein den Weisungen der Generalversammlung Folge zu leisten, nicht stützen.

II. Gehen wir über zur Erörterung der Bestimmungen des H.-G.-B., aus denen möglicherweise eine derartige Herrscherstellung der Generalversammlung abgeleitet werden könnte.

1. Zunächst kommt in Betracht § 235 H.-G.-B.: »Der Vorstand ist der Gesellschaft gegenüber verpflichtet, die Beschränkungen einzuhalten, welche im Gesellschaftsvertrag oder durch Beschlüsse der Generalversammlung für den Umfang seiner Befugnis, die Gesellschaft zu vertreten, festgesetzt sind.«

Zwei Punkte sind hervorzuheben und näher zu erläutern

a) § 235 bezieht sich nur auf die Befugnis des Vorstandes, die Gesellschaft zu vertreten und

b) § 235 bindet den Vorstand nur an die ihm durch Generalversammlungs-Beschluß hinsichtlich des Umfanges seiner Vertretungsbefugnis auferlegten »Beschränkungen«.

ad a) Die Worte: »für den Umfang seiner Befugnis, die Gesellschaft zu vertreten«, verweisen auf den § 231 H.-G.-B.: »Die Gesellschaft wird durch den Vorstand gerichtlich und außergerichtlich vertreten.« Die gerichtliche und außergerichtliche Vertretung der Aktiengesellschaft umfaßt jene Seite der Geschäftsführung, welche die Aktiengesellschaft in rechtlichen Verkehr mit dritten Personen bringt. Der Erwerb von Rechten und die Begründung von Pflichten vollzieht sich im Wege der Vertretung der Aktiengesellschaft durch den Vorstand. Der Vertretung steht jener Teil der Geschäftsführung gegenüber, der sich mit der inneren Leitung und Organisation, mit der Verteilung und Erledigung der Geschäfte, der Leitung und dem Betriebe der Fabrikation, mit der Buchführung u. s. w. befaßt. Insbesondere gehört hierher und nicht in den Bereich der Vertretungshandlungen auch die Entscheidung darüber, ob die Gesellschaft im einzelnen Fall in rechtliche Beziehungen zu Dritten treten, die interne Beschlußfassung darüber, ob ein Vertrag mit einem Dritten abgeschlossen, ihm eine Offerte gemacht werden soll. Erst damit, daß die Entscheidung dem Dritten mitgeteilt, ihm eine Offerte abgegeben, die Annahme seiner Offerte erklärt wird, tritt der Vorstand in den Kreis jener Geschäftsführung ein, der unter den Begriff der Vertretung fällt. Die Vertretung ist darnach nur ein Teil der Geschäftsführung; sie ist, weil sich auf diesem Wege der Erwerb von Rechten, die Begründung von Pflichten für und gegen die Gesellschaft vollzieht, die vornehmste Seite der Geschäftsführung. Die Vertretungsbefugnis des Vorstandes schließt deshalb aber auch die größte Gefahr für die Aktiengesellschaft in sich. Alle anderen Maßnahmen der Geschäftsführung, die sich mit der Leitung und Organisation, mit dem Fabrikbetrieb u. s. w. beschäftigen, auch die interne Beschlußfassung darüber, ob ein Vertrag eingegangen werden soll, können, wenn als unzweckmäßig erkannt, zurückgenommen und verbessert werden. Handelt es sich um die Vertretung nach außen, so ist das einmal gesprochene Wort bindend. Unter diesem Gesichtspunkte hat meines Erachtens die Auslegung des § 235 zu erfolgen. Mit Rücksicht auf die Gefahr, die die unbeschränkte und nach außen hin unbeschränkbare (§ 235 II) Vertretungsmacht des Vorstandes in sich schließt, hat der Gesetzgeber es für notwendig erachtet, den Vorstand zu verpflichten, bei der Vertretung der Aktiengesellschaft die ihm durch Beschlüsse der Generalversammlung gesetzten Beschränkungen einzuhalten. Beschränkungen können deshalb nach § 235 H.-G.-B. dem Vorstand nur auferlegt werden hinsichtlich des Umfanges seiner »Vertretungsbefugnis«. Es ist unzulässig, die Vorschrift des § 235 zu erweitern und auf die Geschäftsführung überhaupt auszudehnen. Unrichtig deshalb Staub, § 235, Anmerkung 3, Seite 497: »Die Mitglieder des Vorstandes haben, wie dieser § hervorhebt, die Beschränkungen inne zu halten, die der Gesellschaftsvertrag und die Generalversammlung für den Umfang seiner Befugnis, die Gesellschaft zu vertreten, richtiger die Geschäfte der Gesellschaft zu führen, festgesetzt hat.«

ad b) § 235 bestimmt nur, daß der Vorstand die ihm auferlegten »Beschränkungen einzuhalten«, er bestimmt nicht, daß der Vorstand bei Ausübung seiner Vertretungsbefugnis die Weisungen der Generalversammlung zu befolgen habe. Die Worte »Beschränkungen einzuhalten« können doch nur besagen, daß die Generalversammlung dem Vorstand die Eingehung eines einzelnen Rechtsgeschäftes, oder allgemein die Eingehung von Rechtsgeschäften bestimmter Art, oder die Eingehung von Rechtsgeschäften, welche die Gesellschaft über ein bestimmtes Maß hinaus verpflichten, untersagen oder von besonderer Genehmigung der Generalversammlung abhängig machen könne. Daß die Generalversammlung die Eingehung von Rechtsgeschäften dem Vorstand positiv gebieten könne, läßt sich aus der angegebenen Gesetzesbestimmung nicht ableiten. § 235 gibt der Generalversammlung ein Untersagungs-, ein Vetorecht. Unrichtig die Auffassung von Ring, Seite 548, der in der Befugnis der Generalversammlung, den Vorstand hinsichtlich seiner Vertretungsbefugnis zu beschränken, nur den negativen Ausdruck für ein positives Anweisungsrecht erblickt. Diese Auffassung ist umsoweniger gestattet, als der Unterschied zwischen einem bloßen Vetorecht und einem positiven Anweisungsrecht der Verfassung des Aktienvereins ein durchaus verändertes Gepräge gibt, den Schwerpunkt der Geschäftsleitung verschiebt, die Geschäftsführung dem Vorstande nimmt und auf die Generalversammlung überträgt. Man kann unmöglich annehmen, daß der Gesetzgeber einer Bestimmung, welcher eine so weittragende Bedeutung zukommen sollte, eine negative mißverständliche Form gegeben haben soll. Auch Petersen und v. Pechmann teilt die Auffassung Rings. Die hier versuchte Auslegung scheint ihm deshalb unhaltbar, weil sie die Gefahr einer vollkommenen Lahmlegung der Geschäfte mit sich bringe. Dieser Gefahr, daß der Vorstand, der durch einen Beschluß der Generalversammlung gemäß § 235 an der Ausführung einer von ihm beabsichtigten Unternehmung verhindert ist, in Untätigkeit verharre und es unterlasse, ein anderes unter diesen Umständen gebotenes Geschäft zu unternehmen, hat das Gesetz in wirksamer Weise vorgebeugt durch seine Bestimmungen über die zivil- und strafrechtliche Verantwortung des Vorstandes. Der Vorstand hat die Geschäfte mit der Sorgfalt eines ordentlichen Kaufmanns zu führen und macht sich bei Verletzung dieser Sorfalt verantwortlich. Verbietet aber die Generalversammlung ein Geschäft, so muß der Vorstand doch immerhin prüfen, welches Vorgehen unter Berücksichtigung dieses Umstandes für die Gesellschaft am vorteilhaftesten ist. § 241 H.-G.-B.

Der Vorstand, der dies unterläßt, macht sich auch strafrechtlich verantwortlich gemäß § 312 H.-G.-B., dessen Tatbestand auch die absichtliche und pflichtwidrige Unterlassung umfaßt. Staub § 312, Anm. 5, Seite 1042.

2. Die Verpflichtung des Vorstandes, allgemein den Weisungen der Generalversammlung nachzukommen, läßt sich auch nicht ableiten aus der Befugnis der Generalversammlung, den Vorstand zu bestellen und jederzeit wieder abzuberufen. (Siehe Anm. [1]). Daß die Bestellungsbefugnis dieses Recht nicht in sich schließt, ist bereits oben in § 5 der Abhandlung dargetan; dort ist ausgeführt, daß der Vorstand seine Machtbefugnisse nicht von der Generalversammlung, sondern unmittelbar aus der Verfassung, aus Gesetz und Statut ableitet. Die jederzeitige Abberufung wurde gesetzlich vorgesehen, weil das Amt des Vorstandes mit seinen weitgehenden Befugnissen ein Vertrauensamt ist; die Leitung der Geschäfte dem mit so weiten Machtvollkommenheiten ausgestatteten Vorstande zu überlassen, kann den Aktionären nur zugemutet werden, wenn und solange sie ihm ihr volles Vertrauen schenken.

3. Die Verpflichtung des Vorstandes, den Weisungen der Generalversammlung Folge zu leisten, wird schließlich auch abgeleitet aus der Vorschrift des § 241 IV H.-G.-B. Hier ist bestimmt, daß gegenüber der Aktiengesellschaft eine Verantwortung des Vorstandes für seine Handlungen dann nicht besteht, wenn diese auf einem Beschluß der Generalversammlung beruhen. Man argumentiert, dieser Rechts-

---

[1]) Anmerkung. Zu bemerken ist, daß das Recht zur Abberufung des Vorstandes der Generalversammlung nur dann zusteht, wenn die Verfassung ihr die Bestellung desselben vorbehält. Vergl. § 182, Ziff. 4. Ueberträgt die Satzung die Bestellung des Vorstandes dem Aufsichtsrat, dann kann die Generalversammlung nur nach Vornahme einer entsprechenden Satzungsänderung die Entlassung des Vorstandes verfügen. Bestritten: So O.-L.-G. Hamburg und O.-L.-G. Braunschweig, Entscheidung der Oberlandesgerichte Band II, Seite 462, Band X, Seite 338. Dagegen: Staub.

satz ziehe die logische Folgerung daraus, daß der Vorstand der Generalversammlung untergeordnet und an ihre Weisungen gebunden sei. Diese Auffassung findet eine scheinbare Stütze in den Ausführungen der Motive zum Entwurf vom Jahre 1884, Seite 150: »Den Gläubigern gegenüber handeln die Gesellschaftsorgane auf eigene Verantwortlichkeit, wenn sie einen an sich ungiltigen Beschluß der Generalversammlung ausführen. Diesen strengen Standpunkt wird man der klagenden Gesellschaft gegenüber nicht festhalten dürfen. Die letztere kann sich nicht beschweren, wenn der Aufsichtsrat als ihr Mandatar einen von der Generalversammlung selbst gefaßten Beschluß ausgeführt hat, obgleich derselbe gegen das Gesetz verstieß.« Hinsichtlich des Vorstandes heißt es Seite 238: »Aus denselben Gründen wie bei den Mitgliedern des Aufsichtsrates schließt der Entwurf endlich die Haftpflicht der Mitglieder des Vorstandes in den bezeichneten Fällen der Gesellschaft gegenüber aus, wenn die Handlung auf einem gesetz- oder statutwidrigen Beschluß der Generalversammlung beruht.« Diese Ausführungen der Motive können eine maßgebende Bedeutung nicht beanspruchen: zudem wird hier die Generalversammlung identifiziert mit der Aktiengesellschaft und nur infolge dieser Begriffsverwirrung erscheint der hier begründete Rechtssatz als logische selbstverständliche Folgerung, was er keineswegs ist. (Siehe Anmerkung. [1])

Der Grundsatz, daß die Haftung ausgeschlossen wird bei Berufung auf einen Beschluß der Generalversammlung, erklärt sich in einfacher und natürlicher Weise aus folgenden Billigkeitserwägungen: Der Vorstand oder Aufsichtsrat, der

[1]) Anmerkung. Richtig ist es, wenn die Motive Aufsichtsrat und Vorstand als Mandatare der Gesellschaft bezeichnen. Daraus aber folgt keineswegs zwingend der Schluß, daß eine Verantwortung für ihre Handlungen dann nicht eintreten könne, wenn diese auf einem Beschlusse der Generalversammlung beruhen. Der Schluß wäre nur dann logisch und zwingend, wenn Generalversammlung und Gesellschaft identisch wären. Die Generalversammlung ist aber nicht die Gesellschaft, sondern nur Organ der Gesellschaft.

sich weigert, einen gesetz- oder statutwidrigen Beschluß der Generalversammlung auszuführen, riskiert seine Stellung; die Generalversammlung kann ihn entlassen; führt er den Beschluß aus, so macht er sich möglicherweise der Gesellschaft verantwortlich. Der Vorstand und Aufsichtsrat steht also vor einer äußerst schwierigen Entscheidung, der nur besonders charakterfeste Männer gewachsen sind. Das Gesetz wollte derartig schwere Konflikte ersparen oder doch möglichst einschränken und findet es deshalb für billig, Vorstand und Aufsichtsrat in diesen Fällen von ihrer Verantwortung der Gesellschaft gegenüber zu befreien. Es kommt weiter in Betracht: Die Geltungmachung der Haftung gegenüber der Gesellschaft erfolgt in erster Linie im Interesse der Aktionäre. Wenn nun die Majorität der Aktionäre in der Generalversammlung sich mit einer Maßnahme einverstanden erklärt oder gar selbst eine Maßnahme veranlaßt, so wäre es unbillig, wenn die Gesellschaft trotzdem Vorstand und Aufsichtsrat verantwortlich machen könnte. Schließlich kommt noch in Betracht, daß der Vorstand oft vor Fragen und Maßnahmen äußerst schwieriger, kostspieliger und riskanter Art steht, die aber trotzdem durch die Interessen der Aktiengesellschaft geboten erscheinen; mit Rücksicht auf seine scharfe Verantwortlichkeit und Haftung würde er vielleicht davon abstehen; durch Einholung der Zustimmung der Generalversammlung soll ihm die Möglichkeit geboten sein, sich im Voraus zu entlasten.

III. Eine gesetzliche Bestimmung des Inhalts, daß Vorstand und Aufsichtsrat allgemein bei Wahrnehmung der ihnen übertragenen Funktionen an Weisungen und Aufträge der Generalversammlung gebunden wären und ihren Beschlüssen Folge zu leisten hätten, existiert nicht. Nur hinsichtlich des Umfanges seiner Vertretungsbefugnisse ist der Vorstand an Beschränkungen durch Beschlüsse der Generalversammlung gebunden. Im übrigen ist er bei Ausübung seiner Geschäftsführung frei und unabhängig, nur an das Statut, nicht aber an Beschlüsse der Generalversammlung gebunden. Nur insoweit, als die Generalversammlung die Vertretungsbefugnis des Vorstandes beschränken, die Eingehung von Rechtsgeschäften von ihrer oder des Aufsichtsrats Genehmigung abhängig machen kann, ist sie in der Lage, indirekt auch auf die sonstige Geschäftsführung einzuwirken. Die Generalversammlung ist aber nicht befugt, dem Vorstand die Eingehung von Geschäften positiv zu gebieten oder ihm hinsichtlich der Art und Weise seiner Geschäftsführung zu beachtende Direktiven zu geben.

Das gleiche gilt für die Stellung des Aufsichtsrates. Auch er ist bei Ausübung seiner Kontrolle und allenfallsiger anderer ihm übertragener Befugnisse frei und unabhängig von Beschlüssen der Generalversammlung.

Diese der herrschenden Lehre widersprechende Auffassung wird geteilt von Simon, Seite 17: »Jedes Organ ist nur innerhalb seiner Zuständigkeit souverän.«

Die gleiche Auffassung kommt zum Ausdrucke in der Entscheidung des O.-L.-G. Braunschweig (Band 10, Seite 338): »Es entspricht den Bedürfnissen einer geordneten und gesicherten Verwaltung, daß, wenn bestimmte Verwaltungshandlungen dem Vorstande und Aufsichtsrate statutarisch zugewiesen sind, diese Organe nicht nur die Pflicht, sondern auch das Recht haben, innerhalb des ihnen zugewiesenen Wirkungskreises selbständig und unter »Ausschluß der alsdann unzuständigen Generalversammlung« zu handeln. Vergl. O.-L.-G. Hamburg, Band II, Seite 162; vergleiche insbesondere auch die Auffassung von Gierke, Seite 690: »So ist auch in den Körperschaften mit einer souveränen Versammlung heute regelmäßig zugleich eine orginäre und von der Gesamtheit unabhängige Kompetenz des Vorstandes oder anderer Organe anerkannt. So ist der Vorstand der Aktiengesellschaft, obgleich er durch Beschlüsse der Generalversammlung gebunden wird, ihr Verantwortung schuldet und stets von ihr abgesetzt werden kann, zweifellos Träger einer nicht von der Generalversammlung abgeleiteten selbständigen Gewalt, vermöge deren er nach außen eine dem

Bereich der Versammlungsbeschlüsse völlig entrückte Vertretungsbefugnis ausübt, aber auch nach innen einen wesentlichen Teil seiner Regierungsfunktionen mit einer durch keinen Versammlungsbeschluß abgeschwächten eigenen Verantwortlichkeit zu erfüllen hat.«

Für die Selbständigkeit und Unabhängigkeit des Vorstandes und Aufsichtsrates gegenüber der Generalversammlung sprechen noch folgende Erwägungen:

1. Ihre außerordentlich scharfe Verantwortlichkeit gegenüber den Gläubigern der Gesellschaft, die auch dann besteht, wenn Vorstand oder Aufsichtsrat sich für seine Handlungsweise auf einen Beschluß der Generalversammlung berufen kann. Nur ein von der Generalversammlung unabhängiger Vorstand und Aufsichtsrat kann wirksam die Interessen der Gläubiger gegenüber den Aktionären wahren. §§ 341, 249 H.-G.-B.

2. Die Befugnis des Vorstandes und der Mitglieder des Aufsichtsrates, gesetz- und statutwidrige Beschlüsse der Generalversammlung anzufechten. Dazu ist zu bemerken, daß ein Beschluß der Generalversammlung auch dann gesetz- bezw. statutwidrig ist, wenn die Generalversammlung in diesem Beschlusse die ihr gezogene Kompetenzgrenze überschreitet. § 271 H.-G.-B.

Anhang zu § 7.

Die Zuständigkeit des Vorstandes und Aufsichtsrates und ihr Verhältnis zur Generalversammlung wird geregelt durch die Verfassung und nur durch die Verfassung. Die Rechtsstellung, welche dem Vorstand und Aufsichtsrat auf Grund der Verfassung zukommt, kann deshalb durch Bestimmungen des Dienstvertrages, den die Generalversammlung (bezw. beim Vorstand möglicherweise der Aufsichtsrat) mit den Mitgliedern des Vorstandes und Aufsichtsrates abschließt und durch dessen Abschluß die Berufung zum Vorstands bezw. Aufsichtsratsmitglied erfolgt, weder beeinträchtigt noch erweitert werden.

Der Dienstvertrag regelt die Beziehungen zwischen den Mitgliedern des Aufsichtsrates bezw. Vorstandes und dem Aktienvereine, nicht ihre Rechtsstellung gegenüber der Generalversammlung. Wer zum Aufsichtsrat oder Vorstand berufen wird, erhält notwendig die Rechtsstellung, welche die Verfassung diesen Organen zuweist. Diese Rechtsstellung kann durch das berufende Organ um deswillen nicht beeinträchtigt werden, weil auch dieses an die Verfassung gebunden ist.

Damit soll nicht gesagt sein, daß Bestimmungen des Dienstvertrages, die dem Vorstand Verpflichtungen gegenüber dem Aufsichtsrate oder der Generalversammlung, dem Aufsichtsrate Verpflichtungen gegenüber der Generalversammlung auferlegen, stets nichtig oder bedeutungslos sind. Soweit dasjenige Organ, dem die Berufung zukommt, kraft seiner verfassungsmäßigen Stellung befugt ist, dem von ihm in seine Stellung berufenen Organe Beschränkungen aufzuerlegen oder Anweisungen zu erteilen, kann die Erteilung solcher Anweisungen, die Festsetzung von Beschränkungen auch in dem Dienstvertrage erfolgen. Die Verpflichtung, diesen Anweisungen Folge zu leisten und die Beschränkungen einzuhalten, beruht aber deshalb auch in diesem Falle nicht auf dem Dienstvertrag, sondern auf der Verfassung. Findet sich dagegen im Dienstvertrag eine Bestimmung, die dem durch den Dienstvertrag in seine Stellung berufenen Organe Verpflichtungen auferlegt, die unverträglich sind mit der verfassungsmäßigen Machtstellung dieses Organes, dann ist die Bestimmung des Dienstvertrages insoweit nichtig. Legt z. B. der den Vorstand berufende Aufsichtsrat ihm die Verpflichtung auf, die Vertretung der Gesellschaft nach außen dem Aufsichtsrat zu überlassen, oder bei seiner Geschäftsführung die Anweisungen des Aufsichtsrates zu befolgen, so ist erstere Bestimmung unter allen Umständen, letztere dann nichtig, wenn nicht die Verfassung eine derartige Machtstellung des Aufsichtsrates über den Vorstand ausdrücklich vorsieht. Staub führt zu § 235, Anm. 3,

Seite 795 aus, daß der Vorstand nicht nur die Beschränkungen einhalten muß, die der Gesellschaftsvertrag oder die Generalversammlung ausdrücklich oder implicite aufstellen, sondern auch die Beschränkungen, die in seinem Dienstvertrag ihm auferlegt sind. In dieser Allgemeinheit sind diese Ausführungen unrichtig und nur mit Vorsicht zu verwerten. Es ist immer erst zu prüfen, ob und inwieweit derartige Bestimmungen des Dienstvertrages eine Stütze finden in der Verfassung. Die Rechtsstellung des Vorstandes kann durch den Dienstvertrag nicht beliebig beschränkt, aber auch nicht willkürlich erweitert werden.

§ 8.

Zusammenstellung und Anwendung der gewonnenen Ergebnisse auf die Aufschlusspflicht.

Der Vorstand der Aktiengesellschaft ist Träger einer selbständigen, nicht von der Generalversammlung abgeleiteten Machtbefugnis, keineswegs bloßes Ausführungsorgan für die Beschlüsse der Generalversammlung. Dem Vorstand obliegt die gesamte ordentliche regelmäßige Geschäftsführung, die er, wie unter eigener Verantwortung, so auch nach eigenem Gutdünken leitet.

Der Generalversammlung sind ebenso wie den anderen Organen nur »bestimmte« Funktionen übertragen. Ihr kommt weder eine unbeschränkte Zuständigkeit, noch eine absolute Herrscherstellung gegenüber den anderen Organen zu. Die Generalversammlung kann dem Vorstand Beschränkungen hinsichtlich seiner Vertretungsbefugnis auferlegen; aber sie ist nicht in der Lage, ihm verbindliche Anweisungen für seine Geschäftsführung zu erteilen; noch weniger kann sie die Geschäftsführung dem Vorstande nehmen, an sich ziehen und in eigener Zuständigkeit erledigen.

Das Gleiche wie für den Vorstand gilt für den Aufsichtsrat. Auch er hat seine Obliegenheiten unter eigener Verantwortung und nach eigenem Gutdünken zu erfüllen und braucht sich eine Einmischung der Generalversammlung nicht gefallen zu lassen.

Diese Grundsätze gelten wie für die Kompetenzabgrenzung und Rechtsstellung der Organe überhaupt, so auch für die Verpflichtung des Vorstandes und Aufsichtsrates, der Generalversammlung über die Vermögenslage und den Stand der Verhältnisse der Gesellschaft Aufschluß zu erteilen. (Vergl. oben Seite 11 und 12.

Vorstand und Aufsichtsrat sind der Generalversammlung gegenüber zur Aufschlußerteilung nur insoweit verpflichtet, als die Verfassung dies vorschreibt. Die in der Verfassung begründete Aufschlußpflicht kann durch Beschluß der Generalversammlung nicht erweitert werden. Vorstand und Aufsichtsrat sind keineswegs verpflichtet, der Generalversammlung jeden von ihr gewünschten Aufschluß zu erteilen. Die Generalversammlung kann nur insoweit Rechenschaftslegung, Berichterstattung und Einblick in die Tätigkeit des Vorstandes und Aufsichtsrates verlangen, als ihr das Gesetz derartige Befugnisse eingeräumt hat. Dem Aufsichtsrat ist die Kontrolle und Einsicht in die Geschäftsführung, in die Bücher und Schriften der Gesellschaft in vollem Umfange ohne jede Beschränkung gestattet (§ 246 H.-G.-B.), nicht aber der Generalversammlung.

Dieses ist die Rechtsstellung des Vorstandes und Aufsichtsrates zur Generalversammlung auf Grund der »gesetzlichen« Verfassungsbestimmungen. Dieses gegenseitige Verhältnis der Organe kann aber in weitgehendem Maße durch Bestimmungen des Gesellschaftsvertrages geändert werden. Die Geschäftsführung des Vorstandes gehört nicht ihrem ganzen Umfange nach zu den gesetzlich notwendigen Funktionen des Vorstandes (vergl. oben § 5 der Abhandlung). Das Statut kann die Geschäftsführung zum großen Teil dem Vorstand nehmen und dem Aufsichtsrat übertragen oder der Generalversammlung vorbehalten. Dies gilt namentlich für fast alle Maßnahmen der inneren Leitung und Verwaltung, für die Leitung des Betriebes der Fabrikation, für die interne Beschlußfassung über einzugehende Rechtsgeschäfte und den Abschluß von Verträgen, für die Aufnahme neuer Geschäftszweige, Gründung von Filialen u. s. w. Die Generalversammlung kann sich im Gesellschaftsvertrage insoweit die Geschäftsführung ganz allgemein vorbehalten; sie kann die Kompetenzverteilung auch so regeln, daß der Vorstand zwar dafür zuständig, jedoch an Weisungen der Generalversammlung gebunden ist; sie kann sich auch die Befugnis vorbehalten, in einzelnen Fällen derartige Geschäfte in eigener Zuständigkeit zu erledigen. Soweit die Generalversammlung befugt ist, dem Vorstand verbindliche Anweisungen für seine Geschäftsführung zu erteilen oder Geschäfte selbst aus eigener Zuständigkeit zu erledigen; insoweit kann sie dann auch Aufschluß über alle diese Geschäfte betreffenden Verhältnisse fordern und Einblick in die Bücher, Urkunden und Schriften der Gesellschaft nehmen. Der Gesellschaftsvertrag kann schließlich auch, ohne die Machtbefugnis des Vorstandes zur selbständigen und unabhängigen Geschäftsführung zu beeinträchtigen, ihm oder dem Aufsichtsrate die Verpflichtung auferlegen, der Generalversammlung in weiterem Umfange, als das Gesetz es vorsieht, Aufschluß und Rechenschaft zu erteilen; das Statut kann bestimmen, daß Vorstand und Aufsichtsrat der Generalversammlung jeden von ihr gewünschten Aufschluß zu geben haben.

An derartige statutarische Bestimmungen ist der Vorstand und Aufsichtsrat gebunden. Ein solches Verhältnis zwischen Vorstand, Aufsichtsrat und Generalversammlung ist z. B. dann als gegeben anzunehmen, wenn die Verfassung bestimmt, daß die Generalversammlung die letzte entscheidende Instanz in allen Angelegenheiten der Gesellschaft ist, daß die übrigen Organe an ihre Weisungen gebunden sind und ihre Beschlüsse auszuführen haben. Aber ohne eine derartige Bestimmung des Statuts ist der Vorstand und Aufsichtsrat der Generalversammlung zur Aufschlußerteilung und Rechenschaftslegung nur insoweit verpflichtet, als dies im Aktiengesetz ausdrücklich vorgesehen ist.

Die hier vertretene Auffassung von der gegenseitigen Rechtsstellung der Organe der Aktiengesellschaft wird der materiellen Bedeutung des Vorstandes, Aufsichtsrates und der Generalversammlung im Leben der Aktiengesellschaften gerecht und entspricht den Bedürfnissen der Praxis. Die tägliche Erfahrung zeigt, daß die gedeihliche Entwicklung der Aktienunternehmungen in erster Linie von der Tüchtigkeit, der Initiative und zielbewußten Leitung des Vorstandes und Aufsichtsrates, und nicht von der Generalversammlung abhängt. Die Generalversammlung tritt nur gelegentlich zusammen und ist schon deshalb schlecht geeignet, in den regelmäßigen Geschäftsgang einzugreifen. Die im Erwerbsleben stehende Aktiengesellschaft erfordert Organe, die sich rasch entscheiden können, erfordert eine Verfassung, die auch die Geheimhaltung von Geschäften und Geschäftsverbindungen ermöglicht. Von der Raschheit des Entschlusses und Wahrung der Diskretion hängt vielfach der Erfolg ab. Die Aktionäre stehen den Geschäftsverhältnissen in der Regel viel zu ferne, als daß sie in gedeihlicher Weise dem Vorstand oder Aufsichtsrat beachtliche Direktiven für die Geschäftsführung und Geschäftsgebarung geben oder gar die Geschäftsführung selbst in die Hand nehmen könnten. Gesetzliche Vorschriften, die den Aktionären so weitgehende Rechte einräumten, wären den wohlverstandenen Interessen der Aktiengesellschaften zuwider. Das Interesse der Aktionäre erschöpft sich in der Regel an einer möglichst hohen Dividende, ein Streben, das mit einer soliden Geschäftsgebarung oft unvereinbar ist; eine solide Geschäftsführung muß vor allem ihr Augenmerk auf die Nachhaltigkeit des Erfolges richten. Es kommt weiter in Betracht, daß die Verantwortung für den Erfolg nur den Vorstand und Aufsichtsrat, nicht die Generalversammlung trifft. Die Aktionäre haben auch keine Treueverpflichtung gegen die Aktiengesellschaft, nichts hindert sie, ihren Einfluß und ihre Kenntnis der Geschäftsverhältnisse zu ihrem persönlichen Vorteil zu gebrauchen, ohne Rücksicht darauf, ob damit auch den Interessen der Gesellschaft gedient ist. Es mag schließlich auch darauf hingewiesen werden, daß die Generalversammlungen in der Regel nur schlecht, zuweilen sogar von Strohmännern besucht werden, die man heranzieht, um in effektvoller Weise der Direktion Schwierigkeiten zu machen. Simon, Seite 18, weiß von einem Falle zu berichten, wo eine aus mehr als 500 Personen bestehende Generalversammlung sich überwiegend aus Mitgliedern des Gesangvereins einer süddeutschen Universitätsstadt zusammensetzte, die, ohne Aktionäre zu sein, als Strohmänner in der Generalversammlung mit abstimmten. Vergl. hiezu Simon, § 5, Seite 16 ff.

Aus diesen Gründen hat das Aktiengesetz gut daran getan, die Leitung des Unternehmens in die Hand eines selbständigen, von der Generalversammlung unabhängigen Vorstandes zu legen. Durch Bestimmungen des Statuts ist es möglich, die durch die gesetzlichen Verfassungsbestimmungen festgelegte gegenseitige Rechtsstellung der Organe zu ändern und den individuellen Verhältnissen einer jeden Aktiengesellschaft anzupassen. Da wo das gesamte Aktienkapital in nur wenigen oder gar nur in einer Hand vereinigt ist, wo die Gründung der Aktiengesellschaft mehr zu dem Zwecke erfolgte, die Haftung für eine bestimmte Unternehmung zu beschränken, als durch Zusammenbringung kleiner Kapitalien große Unternehmungen zu ermöglichen, wo also die Generalversammlung nur aus wenigen Personen besteht, die am Gedeihen der Aktiengesellschaft ebenso sehr interessiert sind wie z. B. die Mitglieder einer offenen Handelsgesellschaft; in solchen Fällen wird der Gesellschaftsvertrag zweckmäßigerweise der Generalversammlung weitergehende Machtbefugnisse in Bezug auf die Leitung des Unternehmens und Kontrolle der Geschäftsführung einräumen, als da, wo die Generalversammlung möglicherweise aus einer buntgemischten, zufällig zusammengesetzten hundert- und mehrköpfigen Menge besteht.

Wir gehen über zum zweiten Teil der Abhandlung, zur

Beantwortung der Frage: Inwieweit müssen auf Grund der aktienrechtlichen Bestimmungen des H.-G.-B. Vorstand und Aufsichtsrat der Generalversammlung über die Verhältnisse der Aktiengesellschaft Aufschluß erteilen?

II. Teil.

§ 9.

Aufschlusspflicht des Vorstandes und Aufsichtsrates gegenüber der Generalversammlung auf Grund der §§ 260 II, 246 H.-G.-B.

Die Verpflichtung des Vorstandes, der Generalversammlung über die Verhältnisse der Aktiengesellschaft Aufschluß zu geben, ist geregelt im § 260 II, H.-G.-B. »Der Vorstand hat in den ersten 3 Monaten des Geschäftsjahres für das verflossene Geschäftsjahr eine Bilanz, eine Gewinn- und Verlustrechnung sowie eine den Vermögensstand und die Verhältnisse der Gesellschaft entwickelnden Bericht dem Aufsichtsrat und mit dessen Bemerkungen der Generalversammlung vorzulegen«.

Der Vorstand hat demnach der Generalversammlung vorzulegen:

1. Eine Bilanz.
2. Eine Gewinn- und Verlustrechnung.
3. Einen den Vermögenstand und die Verhältnisse der Gesellschaft entwickelnden Bericht.
4. Die Bemerkungen des Aufsichtsrates.

ad 1. Die Bilanz, welche für jedes Geschäftsjahr aufgestellt werden muß, ist ein das Verhältnis des Vermögens und der Schulden darstellender Abschluß, und zwar ein sachlicher Abschluß des Inventars. § 39 H.-G.-B. Rehm, § 22, Seite 57. Nach § 39 des H.-G.-B. ist das Inventar ein genaues

Verzeichnis der Grundstücke, der Forderungen und Schulden, des Betrages des baren Geldes und der sonstigen Vermögensgegenstände. Das Inventar führt sonach sämtliche Vermögensgegenstände und Schulden einzeln auf; die Bilanz dagegen gibt nur eine Uebersicht über den Vermögensstand; im Inventar werden die einzelnen Grundstücke, der genaue Warenbestand, die Maschinen, die Forderungen, die Wechsel, die Effekten, die Schulden etc. detailiert aufgezählt; in der Bilanz erscheint je ein den gesamten Bestand in einem Posten ausweisendes Grundstückskonto, Waren-, Maschinen-, Wechsel-, Effekten-, Debitoren- und Kreditorenkonto u. s. w. Die Bilanz ist (Rehm § 22 II und III, Seite 55, 56) ein summarisches Inventar, ein Auszug aus dem Inventar, ein Inventar en miniature, eine Uebersicht über den Vermögensstand, eine Zusammenfassung des Vermögens und der Schulden in kontomäßiger Form, eine summarische Zusammenstellung und Gegenüberstellung von Vermögen und Schulden. In wie viel besonderen Konten die Bilanz den Vermögen- und Schuldenstand ausweisen soll, ist nicht bestimmt; es entscheidet hierüber das Ermessen des Vorstandes, der die Bilanz mit der Sorgfalt eines ordentlichen Kaufmanns aufzustellen und dabei die Grundsätze der kaufmännischen Uebung einzuhalten hat. Die Bilanz darf natürlich Aktiva und Passiva nicht in nur je einem Posten ausweisen, sondern muß so detailiert sein, daß aus ihr allein und unabhängig von anderen Büchern und Urkunden eine Uebersicht über das Verhältnis des Vermögens und der Schulden zu gewinnen ist. Staub § 39, Anmerkung 1, Seite 212; Rehm § 22, Seite 57. Die Generalversammlung kann nur auf Einhaltung dieser Grundsätze bestehen, ist dagegen nicht in der Lage, dem Vorstand genaue Vorschriften über die Aufstellung der Bilanz, z. B. eine eingehendere Detailierung der Bilanzposten vorzuschreiben. Unrichtig Bondi, Sächsisches Archiv, Band 14, 188 ff., der dieses Recht der Generalversammlung einräumt.

In § 260 II ist nur die Vorlegung einer nach den

angegebenen Grundsätzen aufgestellten Bilanz, nicht aber die Vorlegung des »Inventars« vorgeschrieben.

ad 2. Der Vorstand hat weiter vorzulegen die Gewinn- und Verlustrechnung. Man versteht darunter jenes Konto der doppelten Buchführung, auf welches die sämtlichen Gewinne und Verluste der verschiedenen Konten vorgetragen werden, derart, daß sämtliche Verluste auf der Soll, sämtliche Gewinne auf der Haben-Seite erscheinen. Schon aus der Bilanz als einem das Verhältnis der Aktiva und der Passiva darstellenden Abschlusse ist ersichtlich, ob Gewinn oder Verlust vorhanden ist. Gewinn ist vorhanden, wenn die Aktiva die Passiva, Verlust, wenn die Passiva die Aktiva überwiegen. (Conf. § 261, Ziff. 6, H.-G.-B.). Aber die Bilanz läßt nicht ersehen die Zusammensetzung des Gewinnes, läßt nicht ersehen die Ursachen und Gründe, auf die der Gewinn oder Verlust zurückzuführen ist. Aus ihr ist nicht einmal ersichtlich, ob der vorhandene Gewinn oder Verlust ein Ergebnis des letzten Geschäftsjahres, oder ob und inwieweit er auf Erfolge bezw. Mißerfolge früherer Jahre zurückzuführen ist. Es ist dies deshalb nicht ersichtlich, weil in der in der Bilanz ausgewiesenen Vermögensmehrung oder -minderung auch der Gewinn- bezw. Verlustvortrag aus den früheren Jahren zur Geltung kommt. Das Ergebnis des letzten Geschäftsjahres läßt sich allerdings gewinnen durch Vergleichung mit der Bilanz des vorausgegangenen Jahres. Um die Geschäftslage einer Aktiengesellschaft, die Grundlagen ihrer Rentabilität einigermaßen beurteilen zu können, genügt es aber nicht, zu wissen, ob und wie viel Gewinn oder Verlust erzielt wurde. Ebenso bedeutsam ist es, die Entstehung und Zusammensetzung des Gewinnes oder Verlustes zu kennen. Gewinn kann in einem geschäftlichen Unternehmen auch dann noch erzielt sein, wenn die Geschäftslage eine denkbar ungünstige ist, wenn der Geschäftsbetrieb stockte oder gar Verluste brachte; z. B.: ein unrentabel arbeitendes Fabrikunternehmen kann durch Verkauf seines im Zentrum der Stadt gelegenen Grundbesitzes und Verlegung seiner

Anlagen an die Peripherie aus der günstigen Konjunktur des Immobilienmarktes Gewinn gezogen haben; Gewinn kann auch dadurch erzielt sein, daß früher zu einem billigen Kurse erworbene Effekten zu inzwischen gestiegenen Kursen veräußert wurden; unter Umständen kann die Bilanz sogar einen Gewinn ausweisen, ohne daß irgend eine geschäftliche Tätigkeit oder eine Veränderung im Besitzstande statt hatte; z. B. eine Gesellschaft hat Wertpapiere zu einem bestimmten Kurse erworben und zu diesem Kurse in die Bilanz eingestellt; später hat sie (sei es infolge gesetzlicher Vorschrift § 261 Ziff. 1 St.-G.-B. oder freiwillig) Abschreibungen vorgenommen; nichts steht im Wege, bei steigendem Kurse diese Wertpapiere wieder höher einzustellen, soferne nur der Ankaufspreis nicht überschritten wird. § 261, Ziff. 1, H.-G.-B. Deshalb ist es für die Beurteilung der Grundlagen einer Unternehmung von wesentlicher Bedeutung, die Quelle der Verluste und Gewinne zu kennen.

Das Aktiengesetz hat aus diesem Grunde die Vorlage einer Gewinn- und Verlustrechnung an die Generalversammlung vorgeschrieben. Aus der Gewinn- und Verlustrechnung ist zu ersehen, ob es sich um einmalige außerordentliche, um mehr zufällige Konjunkturgewinne oder um im regelmäßigen Geschäftsbetriebe erzielte Gewinne handelt, mit denen man auch künftighin bei normalem Geschäftsgang rechnen kann; aus ihr ist ersichtlich, ob der Gewinn oder Verlust in diesem oder jenem Zweige des Geschäftsbetriebes erzielt wurde und in welchem Verhältnis die Unkosten zu dem erzielten Gewinne stehen; die Gewinn- und Verlustrechnung läßt weiter erkennen, inwieweit das Ergebnis dem laufenden Geschäftsjahre oder früheren Jahren zu gute kommt, man braucht nur den Gewinn- bezw. den Verlustvortrag aus den früheren Jahren, der als erster Soll- bezw. Haben - Posten in der Gewinn- und Verlustrechnung erscheint, von dem ausgewiesenen Gesamtgewinn bezw. -Verlust in Abzug zu bringen. Aus diesen Gesichtspunkten ergibt sich die vielfach nicht hinreichend gewürdigte Bedeutung der Gewinn- und

Verlustrechnung. Vergl. hiezu Völderndorff, Art. 239, Seite 669. »Die Vorlage der Gewinn- und Verlustrechnung ist neu eingeführt und meines Erachtens liegt, wenn diese Rechnung gehörig gestellt und geprüft wird, hierin die erheblichste Reform des Gesetzes (v. Jhr. 1884). Während nämlich bisher lediglich die Aufstellung der Bilanz und die Abgleichung ihrer Ansätze den Gewinn und Verlust feststellte, muß jetzt neben der Bilanz, welche über das Vermögen, das Grundkapital Aufschluß gibt, und die hierin die sich zeigende Mehrung oder Minderung aufweist, Rechenschaft gegeben werden darüber, was das Geschäft, das Unternehmen verdient hat; denn hieraus allein sieht man, ob die Gesellschaft prosperiert hat oder nicht. Bei der Bilanzaufstellung kann man Zahlen machen und durch ihre Gruppierung mehr oder minder die Sachlage verschleiern; bei der Gewinn- und Verlustrechnung aber muß man geradezu fälschen, wenn man den Aktionären Sand in die Augen streuen will. Die Gewinn- und Verlustrechnung muß nämlich die Ergebnisse der einzelnen Sparten des Betriebsgeschäftes und die hierauf verwendeten Mehrausgaben einander gegenüberstellen und schließlich das Facit ziehen.«

Das Gesetz verlangt Vorlage der Gewinn- und Verlustrechnung, gibt aber ebenso wie bei der Bilanz keine Vorschriften darüber, wie weit diese spezialisiert sein muß, wie weit die Gewinne und Verluste der einzelnen Geschäftszweige oder, wenn eine Gesellschaft mehrere Geschäfte betreibt, der einzelnen Geschäfte gesondert ausgewiesen werden müssen. Es entscheiden hier ebenso wie bei der Spezialisierung der einzelnen Bilanzposten die Grundsätze ordnungsmäßiger Buchführung und kaufmännischer Uebung, die der Vorstand in Anwendung der Sorgfalt eines ordentlichen Kaufmanns zu beachten hat. (Siehe Anmerkung.[1]) Sicher geht es zu weit, zu verlangen, daß die Gewinnergebnisse

[1]) Anmerkung. An Anweisungen und Wünsche der Generalversammlung hinsichtlich der Spezialisierung der Gewinn- und Verlustrechnung ist der Vorstand nicht gebunden.

der einzelnen Sparten so spezialisiert ausgewiesen werden müssen, wie es die Bücher der Gesellschaft tun. Es ist eben auch zu berücksichtigen, daß eine zu weitgehende Spezialisierung der Gewinn- und Verlustrechnung unzweckmäßig ist, die Gesellschaft zu Schaden bringen kann, indem sie die Konkurrenz gerade auf die gewinnreichsten Sparten aufmerksam macht und dadurch veranlaßt, sich diesen Zweigen zuzuwenden. Der Vorstand kann sich sogar durch eine derartige Aufstellung der Gewinn- und Verlustrechnung unter Umständen zivilrechtlich und strafrechtlich verantwortlich machen. §§ 241, 312 H.-G.-B. Allgemeine Normen lassen sich nur schwer aufstellen, soviel aber wird man sagen können: Die Gewinn- und Verlustrechnung muß unter allen Umständen ersehen lassen, ob es sich um einmalige außerordentliche oder um im regelmäßigen Geschäftsbetriebe erzielte Gewinne handelt; ferner: treibt eine Gesellschaft verschiedene Geschäftzweige, die unter einander in nur losem Zusammenhange stehen, so muß die Gewinn- und Verlustrechnung die Ergebnisse jener Geschäftszweige besonders ausweisen, die für die Gesellschaft von wesentlicher Bdeutung sind. Ob und wie weit das Ergebnis einer Interessengemeinschaft oder einer Beteiligung bei einem dritten Unternehmen gesondert auszuweisen ist, läßt sich gleichfalls nicht allgemein beurteilen; auch hier wird es auf die Bedeutung und den Umfang der Interessengemeinschaft oder der Beteiligung ankommen. Ist diese derart, daß das Wohl und Wehe der Gesellschaft wesentlich davon abhängt, dann wird das Ergebnis besonders zum Ausdrucke kommen müssen. Die Generalversammlung soll die Möglichkeit haben, die Grundlagen des Unternehmens und der Rentabilität desselben zu prüfen, und deshalb ist es bei einem weitverzweigten Unternehmen unzuläßig, den Gewinn und Verlust in je nur einem Posten auszuweisen; eine Gewinn- und Verlustrechnung im Sinne des Gesetzes liegt nur dann vor, wenn aus ihr die Entstehung und Zusammensetzung der Gewinne und Verluste ersichtlich ist. In der Praxis wird gegen diese Grundsätze vielfach gefehlt.

Namentlich Fabrikgesellschaften mit vielfach verzweigten, teils Gewinn, teils Verlust bringenden Unternehmungen belieben, den Gesamtgewinn in nur einem einzigen Posten auszuweisen, dem lediglich die Unkosten gegenübergestellt werden, letztere regelmäßig eingehend detailiert, damit die Gewinn- und Verlustrechnung nicht gar so dürftig erscheint, wie sie wirklich ist.

3. Weiter ist vorzulegen ein Geschäftsbericht; dieser soll den Vermögensstand und die Verhältnisse der Gesellschaft entwickeln. In gewissem Umfang enthält eine Entwicklung des Vermögensstandes schon die Bilanz, eine Entwicklung der Verhältnisse die Gewinn- und Verlustrechnung. Insoweit hat der Geschäftsbericht die Posten der Bilanz, der Gewinn- und Verlustrechnung, wenn sie nicht an sich klar und verständlich sind, näher zu erläutern. Dies ist die erste Aufgabe des Geschäftsberichtes; seine Aufgabe ist jedoch damit nicht erschöpft. Die Bilanz enthält keine vollständige Darstellung des Vermögensstandes, sie beruht auf der doppelten Buchführung, ist der Abschluß und somit ein Teil dieser Buchführung. § 38 des H.-G.-B. bestimmt nun, daß der Kaufmann in den zu führenden Büchern seine Handelsgeschäfte und die Lage seines Vermögens nach den Grundsätzen ordentlicher Buchführung ersichtlich zu machen hat. Dieser Satz gilt darnach auch für die Bilanz. In der Bilanz kommt daher der Vermögensstand nur so zum Ausdrucke, wie dies die Grundsätze der ordentlichen Buchführung mit sich bringen. Rechte, Forderungen und Schulden finden sich in der Bilanz nur insoweit, als sie nach den Grundsätzen ordentlicher Buchführung im Memorial und in der Folge im Journal und Hauptbuch erscheinen.

In der Buchführung kommen nun nicht alle Rechtsgeschäfte des Kaufmanns, sondern nur die tatsächlichen Aenderungen im Vermögensbestand, die sogenannten Geschäftsvorfälle, zur Geltung. Insbesondere bleibt ein gegenseitiger Vertrag, solange er nicht von einer Seite erfüllt ist, der Buchführung ferne. Beispielsweise wird der Abschluß eines Mietvertrages, eines Konsortialgeschäftes, eines Darlehens- oder eines Kaufvertrages nur in Hilfsbüchern oder in Akten notiert; eine Buchung, die in der Bilanz zur Geltung kommt, aber wird erst dann vorgenommen, wenn der Mietzins geleistet, wenn auf die Konsortialbeteiligung eine Einzahlung gemacht, wenn die Hingabe des Darlehens, die Lieferung der verkauften Ware oder die Zahlung des Kaufpreises erfolgt. Erst wenn eine Partei geleistet hat, tritt die Buchführung in Tätigkeit. Diese Grundsätze der kaufmännischen Buchführung bringen es mit sich, daß bedeutende Verbindlichkeiten, aber auch unter Umständen Rechte aus dem Hauptbuche nicht hervorgehen und deshalb auch in der Bilanz nicht zum Ausdrucke gelangen. Vergl. dazu Simon, Betrachtungen über Bilanzen und Geschäftsberichte der Aktiengesellschaften aus Anlaß neuerer Vorgänge. Berlin 1903, Seite 381 ff. Der Geschäftsbericht hat deshalb die Aufgabe, die in dieser Hinsicht mangelhafte Bilanz zu ergänzen und allen Aufschluß zu geben, der erforderlich ist, um ein vollständiges Bild von dem Vermögenstande zu gewinnen. Er hat insbesondere Auskunft zu geben über schon abgeschlossene, noch nicht ausgeführte Verträge, über den Bestand an Lieferungsaufträgen, über allenfalls noch laufende Verbindlichkeiten, deren Gegenwert bereits geleistet ist u. s. w. Die Bilanz bringt ferner den Vermögensstand nur so zum Ausdruck, wie er in einem bestimmten Zeitpunkte, dem der Aufstellung, sich gestaltet. Zufällige Umstände können den Vermögensstand so beeinflußt haben, daß er eine vom regelmäßigen Durchschnitte abweichende Gestaltung trägt; bis zu dem Zeitpunkte, in dem der Geschäftsbericht der Generalversammlung vorgelegt wird, können wesentliche Veränderungen eingetreten sein. Der Geschäftsbericht hat auch darüber Auskunft zu geben.

Der Geschäftsbericht soll weiter der Generalversammlung die erforderlichen Grundlagen mitteilen, um ihr eine sachgemäße Erledigung all der Angelegenheiten zu ermöglichen, die ihrer Entscheidung vorbehalten sind. Er muß deshalb alle die Angaben enthalten, welche für die der Generalversammlung vorbehaltene Verfügung über den Gewinn von Bedeutung sein können. Er muß Aufschluß geben, ob vielleicht mit Rücksicht auf demnächst einzuleitende Maßnahmen, die besondere Aufwendungen erfordern, oder mit Rücksicht darauf, daß voraussichtlich der Gewinn wegen der Konjunkturverhältnisse zurückgehen oder gar Verlust eintreten werde, nicht die Verteilung, sondern Zurückstellung eines Teiles des Gewinnes veranlaßt erscheint. Der Generalversammlung obliegt die Entlastung der Mitglieder des Vorstandes und Aufsichtsrates, sowie die Neuwahl des Aufsichtsrates, eventuell auch die des Vorstandes (§§ 260, 243, 182, Ziff. 4, H.-G.-B.). Die Generalversammlung hat sich möglicherweise auch darüber zu entscheiden, ob Veranlassung besteht, Mitglieder des Vorstandes oder Aufsichtsrates aus irgend einem Grunde von ihrem Amte abzuberufen. Die Grundlagen für diese Beschlüsse und Entscheidungen muß der Geschäftsbericht enthalten. Er muß deshalb alle Tatsachen und Vorgänge angeben, welche bei vernünftiger sachgemäßer Erwägung für diese Entscheidungen der Generalversammlung von Bedeutung sein und allenfalls ein Vorgehen gegen Mitglieder des Aufsichtsrates oder Vorstandes veranlassen können. Das R.-G. führt dementsprechend über den Inhalt der Geschäftsberichte Folgendes aus: Entscheidung in Strafsachen Band 38, Seite 196: »Der Geschäftsbericht soll zur Erläuterung der Bilanz und der Gewinn- und Verlustrechnung dienen. Er soll nicht nur den aus diesen Vorlagen in den Umrissen zu erkennenden Vermögensstand der Gesellschaft entwickeln und so einen Ueberblick über deren Stand, zunächst bei Abschluß des Geschäftsjahres geben. Bilanz, Gewinn- und Verlustrechnung mit dem Geschäftsbericht zusammen bilden die Grundlage für die in der Generalversammlung zu fassenden Beschlüsse, zu deren Gegenständen vornehmlich die Entlastung der Gesellschaftsorgane, die Neuwahl des Aufsichtsrates und die Verteilung des Reingewinnes zählen. Um dieser Zweckbestimmung willen hat der Geschäftsbericht der für die Entschließungen in diesen Punkten wichtigen Vorkommnisse des abgelaufenen Geschäftsjahres zu gedenken, außergewöhnliche, über den Rahmen der regelmäßigen Geschäftsabwicklung hinausgehende Maßnahmen des Vorstandes und Aufsichtsrates, die für die Art der Führung der Geschäfte von einschneidender Bedeutung sind und in den Augen der Aktionäre nicht ohne Einfluß auf die Frage der Vertrauenswürdigkeit der Gesellschaftsorgane bleiben können, bekannt zu geben, ebenso aber auch nach Ablauf des Geschäftsjahres eingetretener und zur Zeit der Berichterstattung bekannter Ereignisse von gleicher Bedeutung, wie die erörterten Maßnahmen des Vorstandes und Aufsichtsrates, zu gedenken, welche die Aussichten für eine günstige Weiterführung der Geschäfte im neubegonnenen Geschäftsjahr beeinträchtigen müssen.«

Erschöpfend läßt sich alles, was der Geschäftsbericht zu enthalten hat, nicht angeben. Es kommt jeweils auf die besonderen Verhältnisse der einzelnen Aktiengesellschaften an, und diese sind zu verschieden gestaltet, als daß man allgemein gültige Grundsätze im einzelnen aufstellen könnte. Hier sollten nur die Gesichtspunkte dargelegt werden, die allgemein bei Abfassung der Geschäftsberichte zu berücksichtigen sind. In der Praxis wird es nicht schwer sein, das Richtige herauszufinden; sicher ist, daß im Geschäftsberichte Details der Verwaltung und Geschäftsführung, die für die Gesamtlage des Unternehmens nicht von ganz besonderer Bedeutung sind, nicht erwähnt zu werden brauchen. Der Geschäftsbericht muß nur insoweit Aufschluß geben, als erforderlich erscheint, um die Grundlagen der Rentabilität der Gesellschaft beurteilen zu können; und weiter muß er der Generalversammlung die Grundlagen bringen, die für eine zweckentsprechende Entscheidung in den ihrer Beschlußfassung obliegenden Angelegenheiten nicht entbehrt werden können.

4. Schließlich sind der Generalversammlung vorzulegen die Bemerkungen des Aufsichtsrates. Damit kommen wir

zu der dem Aufsichtsrat obliegenden Aufschlußpflicht. Die Bemerkungen des Aufsichtsrates haben sich zu beziehen auf die gesamten Vorlagen des Vorstandes, also auf die Bilanz, Gewinn- und Verlustrechnung und den Geschäftsbericht. Ihr Inhalt ergibt sich aus der dem Aufsichtsrat gesetzten Aufgabe, die Geschäftsführung der Gesellschaft in allen Zweigen zu überwachen. Der Aufsichtsrat hat darnach die Vorlagen des Vorstandes auf ihre formelle und materielle Richtigkeit zu prüfen, mit den Schriften und Büchern und den Beständen der Gesellschaft zu vergleichen; (§ 246 H.-G.-B.) das Ergebnis dieser Prüfung und allenfallsige Ergänzungen der Vorlagen des Vorstandes bilden den Inhalt der vom Aufsichtsrat vorzulegenden Bemerkungen. Inhaltlich geht die Verpflichtung des Aufsichtsrates zur Aufschlußerteilung genau soweit wie die des Vorstandes.

5. Weitere Vorlagen kann die Generalversammlung nicht verlangen. Insbesondere hat sie kein Recht auf Vorlegung des Inventars und der sonstigen Bücher und Schriften der Gesellschaft und kein Recht, von den Details der Geschäftsführung und Geschäftsgebarung Kenntnis zu nehmen. Bringt sie den Vorlagen des Vorstandes und den Bemerkungen des Aufsichtsrates nicht volles Vertrauen entgegen, so mag sie gemäß § 266 H.-G.-B. Revisoren bestellen und durch diese die Vorlagen nochmals prüfen lassen. Das Recht der eigenen Nachprüfung an der Hand der Akten, Schriften und Bücher ist ihr verwehrt.

Nach der herrschenden Lehre müssen Vorstand und Aufsichtsrat der Generalversammlung jeden von ihr gewünschten Nachweis über die einzelnen Posten der Bilanz und der Gewinn- und Verlustrechnung und jeden von ihr gewünschten Aufschluß über die Details der Geschäftsführung wie überhaupt über alle Verhältnisse der Gesellschaft geben; sie müssen der Generalversammlung auf Verlangen die Bücher und Schriften zur eigenen Einsichtnahme vorlegen, ihr die Untersuchung der Bestände an Geld, Wertpapieren und Waren gestatten. So Staub, § 260, Anm. 20, Seite 887.

Rehm Seite 798; vergl. auch Lehmann Band II, Seite 313. Begründet wird die Auffassung damit, daß die Generalversammlung hier, wie überall, wo es sich um Tätigkeiten handelt, die ihr nicht ausdrücklich entzogen sind, souverän sei, daß Vorstand und Aufsichtsrat als die niederen Organe ihr zu gehorchen haben. Rehm Seite 798 führt in eingehender Begründung dieser Auffassung der herrschenden Lehre aus:

»1. Nach H.-G.-B., § 246 I kann der Aufsichtsrat über alle Angelegenheiten der Gesellschaft Berichterstattung vom Vorstande fordern und selbst die Bücher und Schriften der Gesellschaft einsehen, sowie den Bestand der Gesellschaftskasse und die Bestände an Wertpapieren und Waren untersuchen. Was der Aufsichtsrat darf, kann umsoweniger dem ihm übergeordneten Organe, der Generalversammlung, verwehrt sein.

2. Der Aufsichtsrat hat die Bilanz u. s. w. nur zu prüfen, d. h. zu begutachten, die Generalversammlung sie zu beschließen. Die weittragendere Bedeutung dieses Rechtes heischt nicht geringere, sondern sogar weitergehende, zum mindesten aber gleiche Befugnisse wie sie dem Gutachter zustehen.

3. Die Generalversammlung kann die Bestellung von Bilanzprüfungsrevisoren beschließen, welchen der Vorstand Einsicht der Bücher und Schriften und Untersuchung der Bestände an Geld, Wertpapieren und Waren zu gestatten hat. Was die von ihr bestellten Revisoren dürfen, muß auch ihr selbst erlaubt sein.«

Diese Auffassung der herrschenden Lehre kann nicht für richtig erachtet werden. Die Generalversammlung ist keineswegs den anderen Organen in dem Sinne übergeordnet, daß diese ihren Befehlen durchaus nachkommen müßten. Sie ist auch nicht souverän in dem Sinne, daß sie die dem Vorstand und Aufsichtsrat verfassungsmäßig zugewiesenen Machtbefugnisse in sich vereinigte. Aus der Zuständigkeit des Aufsichtsrates zur eingehendsten Nachprüfung der Bilanz, der Gewinn- und Verlustrechnung u. s. w. darf deshalb nicht die gleiche Zuständigkeit der Generalversammlung gefolgert werden. Vergl. hierüber Teil I der Abhandlung. Gerade deswegen, weil die Generalversammlung nicht geeignet erscheint, selbst eine eingehende Prüfung vorzunehmen, wurde der Aufsichtsrat damit betraut und ihr die Befugnis gegeben, zwecks einer weiteren Nachprüfung Revisoren zu bestellen.

Aufsichtsrat und Revisoren sind Vertrauensleute und für ihre Geschäftsführung verantwortlich. Sie haften nicht nur dafür, daß sie die Kontrolle mit aller Sorgfallt vornehmen, sondern auch dafür, daß sie die Geschäftsverhältnisse und Geheimnisse, von denen sie gelegentlich ihrer Kontrolle Kenntnis erhalten, geheim halten und nicht durch Preisgabe dessen, was sie erfahren, die Gesellschaft zu Schaden bringen. Damit haben wir einen der wichtigsten Gründe dafür, daß das Gesetz der Generalversammlung selbst eine eingehende Prüfung und Kenntnisnahme der Gesellschaftsverhältnisse verwehrt. Mit der Einräumung eines solchen Rechtes wäre den wohlverstandenen Interessen der Aktiengesellschaft nicht nur nicht gedient, sondern ihre Interessen wären aufs äußerste gefährdet. In der Offenlegung der gesamten Geschäftsführung und Geschäftsgebarung bis in die kleinsten Details, in der Offenlegung der Geschäftsbeziehungen, der Kunden, der Lieferanten, der Abnehmer, der Fabrik- und Betriebsgeheimnisse, der Einkaufs- und Verkaufspreise läge für die Gesellschaft die größte Gefahr. Die Generalversammlung und die einzelnen Aktionäre haben gegen die Gesellschaft keine Treueverpflichtung. Sie haben keine Verpflichtung zur Verschwiegenheit und könnten ohne Verantwortung die Geschäftsverhältnisse und Geschäftsgeheimnisse für sich ausnützen oder auch anderen mitteilen. Die Interessen der Gesellschaft wären umsomehr gefährdet, als bei der bekannten Interesselosigkeit der meisten Aktionäre gegenüber dem Gesellschaftsleben und bei dem regelmäßig nur schwachen Besuche der Generalversammlungen unter Umständen ein einziger Aktionär oder eine kleine

Aktionärengruppe auf diese Weise die Gesellschaft zu Schaden bringen könnte.

Wenn Bilanz, Gewinn- und Verlustrechnung und Geschäftsbericht dem Gesetze entsprechen, wenn sie alles enthalten, was sie nach den gesetzlichen Vorschriften enthalten sollen, dann hat die Generalversammlung hinreichende Grundlagen, um die einzelnen Posten der Bilanz auf ihre materielle Richtigkeit prüfen und sich entscheiden zu können, ob sie dieselben anerkennen will oder nicht. Wenn man bedenkt, daß der Aufsichtsrat für gewissenhafte Prüfung und Kontrolle verantwortlich ist und erwägt, daß zudem die Generalversammlung jederzeit durch Revisorenbestellung eine weitere eingehende Prüfung veranlassen kann, dann wird man auch ein Bedürfnis, der Generalversammlung soweit gehende Rechte einzuräumen, nicht anerkennen können. Vorstand und Aufsichtsrat sind demnach der Generalversammlung nur insoweit zur Aufschlußerteilung über die Verhältnisse der Aktiengesellschaft verpflichtet, als sich dies aus ihrer Verpflichtung zur Vorlage der Bilanz-, der Gewinn- und Verlustrechnung und des Geschäftsberichtes ergibt.

Die Motive zum Gesetzentwurf vom Jahre 1884, Seite 235 bemerken hiezu: »Weiter als geschehen ist, glaubte der Entwurf in Bezug auf die Veröffentlichung der Beilagen zur Bilanz nicht gehen zu dürfen, wenn nicht der Vorstand mit Schreibwerk überlastet und durch zu allgemeines Bekanntwerden der übrigen Beilagen, namentlich des Inventars, die Interessen der Gesellschaft einer Schädigung ausgesetzt werden sollen.« Richtig auch Simon, Seite 18: »Die Generalversammlung, welche die Bilanz genehmigen soll, kann sich die Unterlagen zur Prüfung derselben gar nicht beschaffen. Diese Unterlagen bestehen zunächst in der Inventur, weiter aber in den Büchern und Schriften der Gesellschaft, endlich in den Revisionen der Bestände. Diese Prüfungsarbeiten, welche die Unterlage für den Beschluß bilden müssen, gehören nicht nur zu den Obliegenheiten anderer Organe, nämlich des Aufsichtsrates und der Revisoren (§§ 246, 260, 266), sondern es ist der Generalversammlung das Recht der eigenen Prüfung grundsätzlich versagt. Nur Abschriften der Bilanz, der Gewinn- und Verlustrechnung und des Geschäftsberichtes, künftig auch die Bemerkungen des Aufsichtsrats, kann jeder Aktionär verlangen, im übrigen beschränkt sich die Vorlegungspflicht auch gegenüber der Generalversammlung auf diese vier Schriftstücke.« Conf. auch Ring, Art. 239, Note 7, Seite 592 und Petersen und v. Pechmann: Seite 530: »Auf die Mitteilung der Beilagen zur Bilanz, durch deren Veröffentlichung die Gesellschaft geschädigt werden könnte, haben die Aktionäre kein Recht. Dieselben brauchen darnach weder der Generalversammlung mitgeteilt, noch zur Einsicht aufgelegt werden, nur dem Aufsichtsrat muß der Vorstand hinsichtlich der einzelnen Bilanzposten genaue Nachweise vorlegen.« Es ist allerdings nicht zu verkennen, daß diese Ausführungen in Widerspruch stehen zu den oben Seite 54 und 55 zitierten Aeußerungen des gleichen Schriftstellers.

§ 10.

Das gegenseitige Verhältnis der §§ 246, 260 II, 314 Ziff. 1, 312 H.-G.-B.

I. Mit der dem Vorstand auferlegten Verpflichtung zur Vorlage der Bilanz, der Gewinn- und Verlustrechnung und des Geschäftsberichtes an die Generalversammlung verfolgt das Gesetz in erster Linie den Zweck, die Geschäftsführung und Geschäftsgebarung der Aktiengesellschaft der Kontrolle der Aktionäre zu unterstellen. Den Aktionären kommt der Gewinn der Aktiengesellschaft zu gute, sie werden durch den finanziellen Erfolg der Unternehmung am meisten berührt; ihnen soll deshalb in gewissem Umfange Rechenschaft gegeben werden. Das Wohl und Wehe der Aktiengesellschaft hat aber mit Rücksicht auf die Höhe des in den Aktienunternehmungen investierten nationalen Kapitals mit Rücksicht auf die Bedeutung, die die Aktiengesellschaften als Arbeitgeber gegenüber der Masse der Arbeitnehmer einnehmen, mit Rücksicht darauf, daß die Entwicklung von Handel und Industrie und damit die Entwicklung der nationalen Wohlfahrt mit in erster Linie in den Händen der Aktienunternehmungen liegen, eine hervorragende soziale und volkswirtschaftliche Bedeutung. Interessiert an einer gesunden Entwicklung des Aktienwesens sind deshalb neben den Aktionären die Allgemeinheit, interessiert sind neben den Aktionären auch alle die Personen, die in rechtlichen Beziehungen zur Aktiengesellschaft stehen oder in solche Beziehungen treten wollen; das sind die Gläubiger der Gesellschaft und solche Personen, die Gläubiger oder Aktionäre werden wollen.

Aus diesen Gründen hat der Gesetzgeber es für notwendig erachtet, die Geschäftsführung und Geschäftsgebarung der Aktiengesellschaften in weitgehendem Maße der Kontrolle der Oeffentlichkeit zu unterstellen. Bilanz, Gewinn- und Verlustrechnung müssen deshalb nach gesetzlicher Bestimmung in öffentlichen Blättern bekannt gemacht (§ 265 H.-G.-B), der Geschäftsbericht muß beim Registergericht hinterlegt werden und kann dort von jedem Dritten eingesehen werden. (§ 265, § 9 H.-G.-B.). Um die Kontrolle der Oeffentlichkeit zu garantieren, hat das Gesetz dem Registergericht die Befugnis gegeben, den Vorstand zur Vorlage und Veröffentlichung der Bilanz, der Gewinn- und Verlustrechnung sowie zur Hinterlegung des Geschäftsberichtes beim Registergericht durch Ordnungsstrafen anzuhalten § 319, 14 H.-G.-B. Die Verpflichtung des Vorstandes zur Vorlage und Veröffentlichung der Bilanz, der Gewinn- und Verlustrechnung und zur Hinterlegung des Geschäftsberichtes besteht demnach nicht nur im Interesse und gegenüber den Aktionären, sondern auch gegenüber der Allgemeinheit und gegenüber dritten Personen, die in irgend welchen rechtlichen Beziehungen zur Aktiengesellschaft stehen oder solche Beziehungen anknüpfen wollen.

Diese Erwägungen müssen bei Bestimmung des gegenseitigen Verhältnisses der §§ 246, 260, 314 und 312 berücksichtigt werden.

II. Vorstand und Aufsichtsrat, die ihre Verpflichtungen nach §§ 260 II, 246 H.-G.-B. zur Vorlage bezw. Prüfung der Bilanz, der Gewinn- und Verlustrechnung und des Geschäftsberichtes verletzen, machen sich der Gesellschaft gegenüber für allen daraus entstehenden Schaden zivilrechtlich verantwortlich. §§ 241 I und II, 249 I und II H.-G.-B. Es versteht sich von selbst, daß diese Verantwortlichkeit nicht nur dann besteht, wenn der Vorstand oder Aufsichtsrat ihren Obliegenheiten überhaupt nicht, sondern auch dann, wenn sie ihnen nur in ungenügender Weise nachkommen, wenn sie eine Bilanz, eine Gewinn- und Verlustrechnung, einen Geschäftsbericht vorlegen, die den tatsächlichen Verhältnissen nicht entsprechen, den Vermögensstand und die Geschäftslage anders darstellen, als sie in Wirklichkeit liegen.

Darnach besteht schon nach §§ 260 II, 246, 241, 249 für den Vorstand und Aufsichtsrat bei Gefahr zivilrechtlicher Haftung die Verpflichtung, in ihren Vorlagen und Berichten den Vermögensstand und die Verhältnisse der Gesellschaft wahr und unverschleiert darzustellen. (Siehe Anmerkung [1]). Diese zivilrechtliche Haftung kann naturgemäß nur dann wirksam werden, wenn gerade aus der Verletzung der Offenlegungspflicht Nachteile entstanden sind. An dieser notwendigen Voraussetzung des ursächlichen Zusammenhangs aber wird es oft fehlen; es wird sich der Kausalzusammenhang in der Regel nur schwer nachweisen lassen, so daß die zivilrechtliche Haftung schon deshalb sich als unzureichend erweist. Zudem hielt der Gesetzgeber die Interessen der Aktionäre an einer wahren und unver-

[1]) Anmerkung. Ob und inwieweit die Verpflichtung zur Wahrheit und Klarheit eine absolute ist, oder ob es, um mit Rehm zu sprechen, sogenannte erlaubte Unwahrheiten und Verschleierungen gibt, fällt nicht in den Bereich vorliegender Abhandlung. Vergl. hierüber Rehm, Seite 46 ff., 854, 872 ff. und Bondi. Sächsisches Archiv, Band 14.

schleierten Berichterstattung für so erheblich, daß er auch eine strafrechtliche Verantwortung der Mitglieder des Vorstandes und Aufsichtsrates vorsah. Strafrechtliche Bestimmungen erschienen namentlich auch geboten zum Schutze dritter der Aktiengesellschaft noch ferne stehender Personen und zum Schutze der Allgemeinheit. Dritte Personen mußten dagegen geschützt werden, daß sie nicht durch unrichtige Darlegungen der Vermögens- und sonstigen Verhältnisse der Aktiengesellschaft seitens der maßgebenden Organe getäuscht werden, sich im Vertrauen auf die Richtigkeit der Darlegungen in Beziehungen zur Aktiengesellschaft einlassen und dadurch zu Schaden kommen könnten. Es mußte Ersatz dafür geschaffen werden, daß auf dem Gebiete des Aktienwesens die Bestimmungen des gewöhnlichen Strafrechtes über Betrug und Untreue nicht ausreichen. Um nur einen Fall hervorzuheben: Der Kaufmann, der unter Vorlegung einer gefälschten Bilanz einen Dritten veranlaßt, sein Gesellschafter zu werden, macht sich unter Umständen des Betruges schuldig. § 263 St.-G.-B. Nur mit den besonderen Eigentümlichkeiten des Aktienwesens, insbesondere mit dem Umstande, daß sich der Erwerb der Mitgliedschaft bei der Aktiengesellschaft im Wege des börsenmäßigen An- und Verkaufs der Aktien durch Vermittlung dritter Personen vollzieht, hängt es zusammen, daß im Bereiche des Aktienwesens fast der gleiche Vorgang in der Regel straflos blieb. Vergl. dazu Motive Seite 247 ff.

Um diesen Mängeln abzuhelfen, bestimmt § 314 Ziff. 1: »Mitglieder des Vorstandes oder des Aufsichtsrates werden mit Gefängnis bis zu 1 Jahre und zugleich mit Geldstrafe bis zu 20 000 Mark bestraft, wenn sie wissentlich in ihren Darstellungen, in ihren Uebersichten über den Vermögensstand der Gesellschaft oder in den in der Generalversammlung gehaltenen Vorträgen den Stand der Verhältnisse der Gesellschaft unwahr darstellen oder verschleiern.«

Was die Auslegung dieser Gesetzesstelle anlangt, so begründet § 314, Ziff. 1 keine Verpflichtung des Vorstandes und Aufsichtsrates zur Rechenschaftslegung und zur Aufschlußerteilung. Ob und inwieweit eine Verpflichtung zur Offenlegung der Gesellschaftsverhältnisse besteht, ist lediglich aus den §§ 260 II, 246 zu entnehmen. Es soll durch Aufstellung der strafrechtlichen Vorschrift keine Gewähr dafür geschaffen werden, daß Vorstand und Aufsichtsrat ihren in §§ 260 II, 246 festgelegten Pflichten nachkommen. Dieser Auffassung scheint allerdings das R.-G. zu sein. (Entscheidung in Strafsachen, Band 38, Seite 197). § 314, Ziff. 1 bestimmt nicht, daß Mitglieder des Vorstandes und Aufsichtsrats bestraft werden, wenn sie den ihnen in den §§ 246, 260 auferlegten Verpflichtungen zuwiderhandeln, § 314 will nur eine strafrechtliche Garantie dafür schaffen. daß Aktionäre und Dritte nicht durch unwahre und verschleierte Darstellungen getäuscht werden und dadurch zu Schaden kommen; § 314 gebietet nicht Rechenschaftslegung und Aufschlußerteilung, sondern verbietet nur Unwahrheit und Verschleierung. Dies ergibt sich sowohl aus dem Zwecke wie aus dem Wortlaute der Gesetzesstelle, die besagt: »Vorstand und Mitglieder des Aufsichtsrates werden bestraft, wenn sie »in ihren Darstellungen«, »in ihren Berichten und Uebersichten« u. s. w. Notwendige Voraussetzung für die Anwendbarkeit des § 314 ist, daß Berichte herausgegeben werden, daß Darlegungen gemacht werden. § 314, Ziff. 1 findet darnach keine Anwendung auf die Unterlassung. Dabei ist aber zu beachten, daß Bilanz, Gewinn- und Verlustrechnung, Geschäftsberichte u. s. w. durch Unterlassungen, durch Nichterwähnung von Tatsachen und Verhältnissen ein der wahren Sachlage nicht entsprechendes Bild geben, eine Täuschung hervorrufen können. Insoweit allerdings findet § 314 auch auf die Unterlassung Anwendung. Conf. auch R.-G. bei Bauer, der Vorstand der Aktiengesellschaft, Seite 356/357.

Der Vorstand und Aufsichtsrat, welche der Generalversammlung überhaupt keine Vorlagen macht oder seine Bilanz, seinen Geschäftsbericht so unvollständig und so farblos gestaltet, daß daraus über die Verhältnisse der Gesellschaft überhaupt nichts entnommen werden kann, macht sich nur zivilrechtlich verantwortlich, bezw. kann auch vom Registerrichter zur Vorlage und Veröffentlichung einer den gesetzlichen Vorschriften entsprechenden Bilanz etc. angehalten werden, aber strafrechtlich verantwortlich nach § 314 I macht er sich nicht. Nur muß er sich hüten, daß seine unvollständigen Vorlagen nicht den Eindruck der Vollständigkeit machen, muß sich hüten, daß seine Darlegungen nicht die Auffassung einer günstigen Geschäftslage erwecken, während diese tatsächlich ungünstig liegt. § 314, Ziff. 1 gebietet nicht reden, sondern verbietet Täuschung. So auch Mittelstaedt, Deutsche Juristenzeitung 1902, Seite 521: »Der Vorstand steht, soweit es sich um seine Verantwortlichkeit aus § 314, Ziff. 1 handelt, nicht vor der Frage wieviel er sagen muß, sondern er hat nur die aus dem natürlichen Wahrheitsgefühl unschwer zu befolgende Rechtspflicht, die Erklärungen, die er abgibt, wahrheitsgemäß und dergestalt abzufassen, daß sie nicht ein täuschendes Gesamtbild abgeben. Ist der Geschäftsbericht ehrlich und in seiner Totalität der Wahrheit entsprechend abgefaßt, so enthält er keine Verschleierung, mag er auch noch so oberflächlich und nichtssagend erscheinen, oder mag auch über die wesentlichsten Vorgänge die Auskunft abgelehnt sein.« Damit haben wir das Verhältnis des § 260, 246 zu § 314, Ziff. 1, H.-G.-B.

III. Schwieriger ist die Bestimmung des Verhältnisses der §§ 260, 314 Ziff. 1 zu § 312, H.-G.-B.

§ 312 droht Gefängnis und Geldstrafen den Mitgliedern des Vorstandes und Aufsichtsrates, die absichtlich zum Nachteil der Gesellschaft handeln. Die herrschende Literatur ist sich darüber einig, daß das Gesetz mit dem Worte »absichtlich« nicht eine besondere auf Schadenzufügung gerichtete Willensrichtung erfordert, sondern daß »absichtlich« gleichbedeutend gebraucht ist mit wissentlich oder vorsätzlich. Im übrigen führt die Auslegung des § 312 zu folgenden Erwägungen:

1. Erhebt sich die Frage: Kann sich der Vorstand und Aufsichtsrat durch Darlegung der Verhältnisse der Gesellschaft in der Generalversammlung überhaupt nach § 312 verantwortlich machen? Die Frage wird in der Literatur allgemein bejaht. Mitglieder des Vorstandes oder Aufsichtsrates, welche in der Generalversammlung über Geschäfts- oder Fabrikgeheimnisse, z. B. Geschäftsverbindungen, Fabrikationsmethoden u. s. w. Mitteilungen machen und die Gesellschaft dadurch zu Schaden bringen, sind nach § 312 strafbar. Anderer Auffassung scheint nur Mittelstaedt zu sein. (Deutsche Juristenzeitung 1902, Seite 520). Er geht von der Auffassung aus, daß der Vorstand, welcher den Aktionären in der Generalversammlung irgend welchen Aufschluß über Gesellschaftsverhältnisse gibt, in Ausübung seiner Pflicht zur Rechenschaftslegung gegenüber dem Machtgeber selber handle; deshalb fehle es am Dolus der Untreue und damit entfalle die Strafbarkeit aus § 312, H.-G.-B. Diese Ausführungen sind nicht richtig. Sie beruhen auf der unrichtigen Vorstellung, daß die Generalversammlung Machtgeber des Vorstandes sei; Machtgeber des Vorstandes ist nur die Gesellschaft, nicht die Generalversammlung; diese Auffassung verkennt, daß der Vorstand nur in bestimmtem Umfange Rechenschaft zu geben und Aufschluß über die Gesellschaftsverhältnisse zu erteilen hat; sie verkennt weiter, daß der Geschäftsbericht nicht nur für die Aktionäre, sondern auch für die Oeffentlichkeit bestimmt ist; sie übersieht schließlich auch, daß die Aktionäre keine Treuverpflichtung gegen die Gesellschaft, keine Verpflichtung zur Verschwiegenheit haben und daß durch eine Offenlegung der Geschäftsgeheimnisse in der Generalversammlung der Gesellschaft in der Regel ebenso geschadet wäre, wie durch Bekanntgabe in der weitesten Oeffentlichkeit. Die Auffassung von Mittelstaedt ist darnach unhaltbar. Es kann nicht bezweifelt werden, daß Vorstand und Aufsichtsrat

auch durch Mitteilungen in der Generalversammlung sich nach § 312 strafbar machen können.

2. Eine strafrechtliche Verantwortung nach § 312 H.-G.-B. kann aber nur dann und nur insoweit in Frage kommen, als Vorstand und Aufsichtsrat nicht nach §§ 260 II, 314, Ziff. 1 zur Offenlegung der Gesellschaftsverhältnisse verpflichtet sind. Die in § 260 II normierte Verpflichtung des Vorstandes und Aufsichtsrates zur Aufschlußerteilung sowie die Pflicht zur Wahrheit und Klarheit nach § 314, Ziff. 1 sind statuiert nicht nur im Interesse der Gesellschaft, der Aktionäre, sondern ebenso im Interesse der Oeffentlichkeit und der Gläubiger der Gesellschaft und solcher Personen, die Gläubiger oder Aktionäre werden wollen. § 312 dagegen bezweckt lediglich den Schutz der Gesellschaft, will eine Schädigung der Aktionäre verhüten. Bei einer Kollision der Interessen gehen die Interessen der weiteren Kreise, die Interessen der Oeffentlichkeit vor. Es wird deshalb die Verpflichtung aus §§ 260 II und 314, Ziff. 1 nicht eingeschränkt durch die Vorschrift des § 312, sondern umgekehrt. Vorstand und Aufsichtsrat, die durch Offenlegung der Geschäftsverhältnisse in der Generalversammlung die Gesellschaft schädigen, können nach § 312 H.-G.-B. nicht zur Verantwortung gezogen werden, wenn sie gemäß §§ 260 II, 314 Ziff. 1 zur Offenlegung verpflichtet waren. Inbesondere die Verpflichtung zur Wahrheit und Klarheit bei Darlegung der Gesellschaftsverhältnisse geht der Verpflichtung aus § 312, die Gesellschaft nicht zu schädigen, vor. Vorstand und Aufsichtsrat, welche die Verhältnisse der Gesellschaft unwahr oder verschleiert darstellen, sind stets nach § 314, Ziff. 1 strafbar auch dann, wenn Motiv ihrer Handlungsweise lediglich die Absicht war, die Gesellschaft vor Schaden zu bewahren. Andrerseits: Vorstand und Aufsichtsrat, die in Erfüllung ihrer Verpflichtung zur wahren und unverschleierten Darlegung der Gesellschaftsverhältnisse die Gesellschaft schädigen, können nicht nach § 312 bestraft werden. So auch die herrschende Lehre. Anderer Auffassung ist

Rehm. Während er in seinen Bilanzen Seite 821 mit absoluter Schärfe den Grundsatz vertritt, daß die Verpflichtung zur Wahrheit und Klarheit stets höher stehe als die Verpflichtung, die Gesellschaft nicht zu schädigen, will er in seinem Aufsatz in der Deutschen Juristenzeitung 1904, Seite 34 die Kollision zwischen §§ 314, Ziff. 1 und 312 durch Abwägung der sich gegenüberstehenden Interessen lösen. Er führt aus: »Der Vorstand habe unter Anwendung eines ordentlichen Kaufmanns zu prüfen, ob die Interessen der Gläubiger der Gesellschaft und Dritter, die Aktionäre werden wollen, an wahrheitsgemäßer und unverschleierter Berichterstattung größer seien als die Interessen der Gesellschaft und der Aktionäre, die durch eine derartige Berichterstattung gefährdet seien. Pflicht und Recht der Geheimhaltung einer Tatsache bestehe noch, wenn die Mitteilung für die Gesellschaft größere Uebel im Gefolge habe als das Unterlassen der Mitteilung Nachteile für diejenigen, die die Tatsache nicht erfahren.«

Der Gedanke, daß bei einer Kollision zwischen § 314, Ziff. 1 und § 312 Vorstand und Aufsichtsrat die wirtschaftlich höher zu bewertenden Interessen wahren sollen, hat zweifellos viel bestechendes an sich und verdient sicher aus sozialpolitischen und volkswirtschaftlichen Gründen de lege ferenda Beachtung. Aber als Grundsatz des geltenden Rechtes kann er nicht anerkannt werden. Die Anerkennung des Grundsatzes wäre gleichbedeutend mit dem Satze, daß den Organen der Aktiengesellschaft und damit dieser selbst ein Eingriff in fremde Rechtssphären dann gestattet sei, wenn die Wahrung von wirtschaftlich höher zu bewertenden Interessen der Aktiengesellschaft einen solchen Eingriff erfordere. Ein allgemeiner Rechtsgrundsatz des Inhalts, daß die Verletzung fremder Interessen zwecks Wahrung eigener höher stehender Interessen erlaubt sei, existiert aber nicht. Nur in ganz beschränktem Umfange gestatten der Notstandsparagraph 228 und § 904 B. G.-B. eine nachteilige Einwirkung auf fremde Sachen zum Schutze höher zu bewertender eigener Rechtsgüter. Im übrigen aber gilt der Satz, daß die Wahrung eigener Interessen niemals zur Verletzung fremder Rechtssphären berechtigt, gleichviel in welchem Wertverhältnis die zu wahrenden eigenen und gefährdeten fremden Interessen stehen. Dies gilt auch für das Recht der Aktiengesellschaft. Mangels einer ausdrücklichen Gesetzesbestimmung muß die Auffassung von Rehm abgelehnt werden. —

3. § 312 kann dann nicht zur Anwendung kommen, wenn Vorstand und Aufsichtsrat in der Generalversammlung auf deren ausdrückliches in beschlußmäßiger Form geäußertes Verlangen hin Aufschluß über Geschäftsverhältnisse erteilen, durch deren Bekanntwerden die Gesellschaft zu Schaden kommt. Dies ist zu entnehmen aus § 241 IV, H.-G.-B.; darnach kommt die zivilrechtliche Haftung aus § 241 I dann nicht in Frage, wenn Handlungen des Vorstandes oder Aufsichtsrates auf einem Beschlusse der Generalversammlung beruhen. Mit der zivilrechtlichen Haftung entfällt auch die Strafbarkeit nach § 312, H.-G.-B. § 312 dient ebenso wie die Schadensersatzpflicht gegenüber der Gesellschaft nur den Interessen und dem Schutze der Aktionäre. Deshalb wäre die Annahme, daß Vorstand und Aufsichtsrat, die einen Beschluß der Generalversammlung zur Ausführung bringen, lediglich von der zivilrechtlichen Haftung gegenüber der Gesellschaft befreit sein sollten, dagegen unter Umständen nach § 312 strafrechtlich verfolgt werden könnten, widersinnig.

§ 11.

Zusammenfassung der Ergebnisse.

1. Vorstand und Aufsichtsrat sind der Generalversammlung gegenüber zur Aufschlußerteilung nur insoweit verpflichtet, als dies in den §§ 246, 260 II, H.-G.-B. ausdrücklich bestimmt ist. Durch die Satzung der Aktiengesellschaft kann diese Aufschlußpflicht erweitert werden, nicht aber

durch Beschluß der Generalversammlung. Soweit darnach Vorstand und Aufsichtsrat zur Aufschlußerteilung verpflichtet, sind sie dazu auch berechtigt und können weder zivil- noch strafrechtlich verfolgt werden, wenn dadurch die Gesellschaft zu Schaden kommt.

2. Vorstand und Aufsichtsrat müssen in ihren Berichten und Darlegungen über den Stand der Verhältnisse diese stets wahr und unverschleiert darstellen. Eine Ausnahme von diesem Grundsatze ist auch dann nicht gestattet, wenn dies im Interesse der Gesellschaft geboten erscheint. § 314, Ziff. 1, H.-G.-B.

3. Vorstand und Aufsichtsrat, welche die Gesellschaftsverhältnisse in der Generalversammlung in weiterem als dem durch die Vorschriften der §§ 246, 260 II, 314 Ziffer 1 gebotenen Umfange offenlegen, machen sich für allen der Gesellschaft daraus entstehenden Schaden gemäß § 241, H.-G.-B. zivilrechtlich und gemäß § 312 auch strafrechtlich verantwortlich; so bei Offenbarung von Geschäftsbeziehungen, Fabrikgeheimnissen etc. Die zivil- und auch die strafrechtliche Verantwortung entfällt jedoch, wenn Vorstand und Aufsichtsrat auf ausdrückliches Verlangen der Generalversammlung handeln. § 341 IV, H.-G.-B.

§ 12.

Stille Hilfen und Veruntreuungen.

Anhangsweise soll hier noch Stellung genommen werden zu der in der Literatur mehrfach erörterten Frage, ob Vorstand und Aufsichtsrat der Generalversammlung bei Gefahr strafrechtlicher Verantwortung Mitteilung machen müssen über der Aktiengesellschaft gewährte sogenannte stille Hilfen und über Veruntreuungen eines Vorstandsmitgliedes. Vergleiche hiezu: Simon, Betrachtungen über Bilanzen und Geschäftsberichte der Aktiengesellschaft aus Anlaß neuerer Vorgänge, Seite 407 ff.; ferner die Aufsätze von v. Gordon,

Mittelstaedt und Rehm in der deutschen Juristenzeitung 1902, Seite 379 und 520 und 1904, Seite 34. Entscheidung des R.-G. in Strafsachen, Band 38, Seite 195 ff.

ad 1. **Stille Hilfen.**

Wie Simon in seinen Betrachtungen über Bilanzen Seite 408 erwähnt, sind Fälle, in denen Vorstand und Aufsichtsrat, auch besonders interessierte Aktionäre ohne jede rechtliche Veranlassung Verluste decken oder Garantien für allenfalls erwachsende Verluste übernehmen, gar nicht so selten. Müssen derartige Tatsachen im Geschäftsberichte oder in anderen der Generalversammlung zu machenden Vorlagen erwähnt werden? Eine strafrechtliche Verantwortung wegen Verschweigung kann nur nach § 314, Ziff. 1 dann in Frage kommen, wenn durch Unterdrückung dieser Tatsachen das über den Vermögensstand oder die sonstigen Geschäftsverhältnisse gegebene Bild unwahr oder verschleiert wird. Ob dies der Fall ist, läßt sich nicht allgemein entscheiden. Man muß vielmehr die individuellen Verhältnisse im einzelnen Falle berücksichtigen, insbesondere Zweck und Veranlassung, die zur Gewährung der stillen Hilfe führten, z. B.: Ist der Geschäftsbetrieb im allgemeinen unrentabel oder verlustbringend und wird der freiwillige Zuschuß geleistet, um eine Unterbilanz zu vermeiden, oder, um trotz des schlechten Geschäftsganges Dividenden verteilen zu können, dann darf die stille Hilfe nicht unerwähnt bleiben, andernfalls würde die Auffassung erweckt, daß der Geschäftsbetrieb mit Erfolg arbeite; der Stand der Verhältnisse wäre unwahr dargestellt. Es wird jedoch genügen, wenn die stille Hilfe unter der Bezeichnung als einmaliger außerordentlicher Vermögenszuwachs in der Gewinn- und Verlustrechnung aufgeführt wird. Damit ist hinreichend zum Ausdruck gebracht, daß der ausgewiesene Gewinn nicht dem regelmäßigen Geschäftsbetriebe zu verdanken ist. Es ist dann weder eine unwahre noch eine verschleierte Darlegung des Vermögensstandes oder des Standes der

Verhältnisse gegeben. Erfolgt dagegen eine freiwillige Leistung oder Garantieübernahme, z. B. um einen infolge des Konkurses eines Schuldners entstandenen Ausfall zu ersetzen, dann bedarf es einer besonderen Erwähnung dieses Umstandes nicht. Ohne die freiwillige Leistung oder Garantieübernahme hätte die Forderung an den Gemeinschuldner abgeschrieben werden müssen. § 40 II, H.-G.-B. Die Abschreibung kann infolge der Garantieübernahme oder der Leistung des Dritten unterbleiben. Der Vermögensstand war infolge des Konkurses wohl vorübergehend gefährdet; durch die Garantieübernahme oder Zahlung durch einen Dritten ist diese Gefährdung beseitigt. Weder der Vermögensstand noch der Stand der sonstigen Verhältnisse erscheint durch Nichterwähnung der stillen Hilfe unwahr oder verschleiert. Selbstverständlich gilt dies bei Garantieübernahmen nur dann, wenn der Bürge für den vollen Betrag der übernommenen Garantie gut ist.

ad 2. **Veruntreuungen seitens eines Mitgliedes des Vorstandes.**

Veruntreute Gelder oder Wertpapiere müssen selbstverständlich abgeschrieben werden; Forderungen gegen jenes Mitglied des Vorstandes, das unterschlagen hat, dürfen nur insoweit eingesetzt werden, als sie einbringlich sind; § 40 II, H.-G.-B. Andernfalls wäre der Vermögensstand unrichtig dargestellt und Strafbarkeit nach § 314, Ziff. 1 gegeben. Nach § 314, Ziff. 1 muß aber nicht nur der Vermögensstand, sondern auch der Stand der sonstigen Verhältnisse wahr und unverschleiert dargestellt sein. Der Stand der Verhältnisse ist nun sicher auch bedingt durch die Tüchtigkeit, die Zuverlässigkeit und Treue des Beamtenstandes und ganz besonders des Vorstandes und Aufsichtsrates. Die Geschäftsberichte schweigen sich in der Regel hierüber aus und es ist dagegen nichts einzuwenden, weil man Tüchtigkeit, Zuverlässigkeit und Treue der leitenden Organe als selbstverständliche Dinge betrachtet, die einer besonderen Erwähnung nicht bedürfen. Deshalb aber müssen Tatsachen und Vorfälle, die das Vertrauen in die Tüchtigkeit und Zuverlässigkeit zu erschüttern geeignet sind, ausdrücklich im Geschäftsberichte hervorgehoben werden, da sonst eine unwahre Darstellung dieser Gesellschaftsverhältnisse vorliegt. Eine Veruntreuung eines Vorstandsmitgliedes darf deshalb dann nicht verschwiegen werden, wenn das betreffende Mitglied noch im Amte ist. Ist dagegen das betreffende Mitglied aus seiner Stellung ausgeschieden oder entlassen, dann wird der Geschäftsbericht in der Regel über die Veruntreuung stillschweigend hinweggehen dürfen; denn der Stand der Verhältnisse, die Vertrauenswürdigkeit der an der Veruntreuung nicht beteiligten Vorstandsmitglieder wird durch die Veruntreuung eines früheren Direktors nicht berührt. Sind allerdings neben dem ausgeschiedenen andere noch im Dienste befindliche Mitglieder des Vorstandes oder Aufsichtsrates an der Veruntreuung mitverschuldet, weil sie durch Außerachtlassung ihrer Verpflichtung zur Ueberwachung und Kontrolle die Unterschlagung ermöglichten und ist ihre Pflichtverletzung so schwer, daß dadurch ihre Zuverlässigkeit und Vertrauenswürdigkeit in Frage gestellt wird, dann wird in den Berichten an die Generalversammlung die stattgehabte Veruntreuung erwähnt werden müssen. Gleichgültig ist dabei, ob der der Gesellschaft entstandene Schaden gedeckt ist oder nicht. Tatsachen, die für die Beurteilung der Veruntreuenswürdigkeit des noch im Dienste befindlichen Vorstandes und Aufsichtsrates von wesentlicher Bedeutung sind, dürfen nicht unterdrückt werden, weil sonst der Stand der Gesellschaftsverhältnisse unwahr dargestellt wäre.

Amorbach.
G. Volkhardt'sche Druckerei.

FSC
www.fsc.org
MIX
Papier | Fördert
gute Waldnutzung
FSC® C083411

Kolibri 360 GmbH
Ferdinand-Jühlke-Straße 7
99095 Erfurt, Deutschland
produktsicherheit@kolibri360.de